ISBN 978-1-333-16882-7
PIBN 10531409

1 MONTH OF
FREE
READING

at

www.ForgottenBooks.com

By purchasing this book you are
eligible for one month membership to
ForgottenBooks.com, giving you
unlimited access to our entire
collection of over 1,000,000 titles via
our web site and mobile apps.

To claim your free month visit:

www.forgottenbooks.com/free531409

English
Français
Deutsche
Italiano
Español
Português

www.forgottenbooks.com

Mythology Photography **Fiction**
Fishing Christianity **Art** Cooking
Essays Buddhism Freemasonry
Medicine **Biology** Music **Ancient
Egypt** Evolution Carpentry Physics
Dance Geology **Mathematics** Fitness
Shakespeare **Folklore** Yoga Marketing
Confidence Immortality Biographies
Poetry **Psychology** Witchcraft
Electronics Chemistry History **Law**
Accounting **Philosophy** Anthropology
Alchemy Drama Quantum Mechanics
Atheism Sexual Health **Ancient History**
Entrepreneurship Languages Sport
Paleontology Needlework Islam
Metaphysics Investment Archaeology
Parenting Statistics Criminology
Motivational

Hanna.

Gebet- und Andachtsbuch
für israelitische Frauen und Mädchen.

Von

Jacob Freund,

Lehrer an der Religionsschule der Synagogen-Gemeinde zu Breslau.

Mit Beiträgen

von

Dr. A. Geiger, Dr. M. Güdemann, Dr. M. Joël und Professor Dr. M. A. Levy.

Achte vermehrte und verbesserte Auflage.

Breslau
Verlag von Wilhelm Jacobsohn u. Comp.
1894.

Dem seligen Andenken

seiner

verklärten Mutter

Frau Rebecka Freund

in dankbarer Liebe

gewidmet

vom

Verfasser.

Vorwort zur erften Auflage.

.

Bei der Herausgabe dieses Buches in der vor-
theilhaften Lage, von einem vorhandenen Bedürfniß
reden zu können, bin ich jedoch keineswegs der Meinung,
daß man durch nur ein einziges demselben abhelfen
könnte. Es ist dies, neben vielen anderen Gründen,
schon deshalb unmöglich, weil jedes derartige Gebetbuch, ob mit oder ohne Absicht des Verfassers, das
Gepräge einer gewissen religiösen Richtung an sich
trägt und so ganz gewiß nur einem Theile der Andächtigen genügen kann. In dieser Voraussetzung
unterlasse ich es auch, mich über Auswahl, Anordnung,
Form und Inhalt der Gebete näher auszusprechen, und
muß ich in dieser Beziehung das Urtheil ruhig er-
warten und alle abweichenden Ansichten als gleichbe-
rechtigt gelten lassen. Vielleicht auch werden dieselben
mir für künftig Gelegenheit geben, manchen Fehler zu
verbessern. Das Eine nur glaube ich erwähnen zu
müssen, daß, trotzdem ich mich in dem ersten Theile —
in den Sabbath= und Festgebeten — oft und mit
vieler Vorliebe dem Inhalte unserer alten Gebete an-
geschlossen habe, es nicht im Entferntesten in meiner
Absicht liegen konnte, dieselben ersetzen zu wollen. Dies
Gebetbuch ist selbstverständlich nur zum beliebigen Ge=

X

brauche nebenher bestimmt. Dem regelmäßigen Verlauf
des Gottesdienstes zu folgen, dafür sind auch für die
des Hebräischen unkundigen Mädchen und Frauen deutsche
Gebet=Uebersetzungen hinreichend vorhanden.

In der Aussprache der hebräischen Ueberschriften
konnte ich einige Willkürlichkeiten nicht vermeiden, weil
ich von der herkömmlichen Weise nicht abweichen wollte.

Nächst dem Vorangehenden will ich nun aber
dieses Vorwort zur Erfüllung der angenehmen Pflicht
benutzen, den hochgeehrten Herren, die in freundlicher
Weise durch ihre Beiträge meine Arbeit unterstützt
und wesentlich gefördert haben, meinen herzlichsten Dank
auszusprechen und ihrem Antheil das Ursprungs=Zeugniß
auszustellen: Sämmtliche Friedhofgebete sind von Herrn
Rabbiner Dr. Geiger in Frankfurt a. M., sämmtliche
Festbetrachtungen, wie im Inhaltsverzeichniß bemerkt,
von den Herren Rabbiner Dr. M. Güdemann in
Wien, Rabbiner Dr M. Joël in Breslau und Pro=
fessor Dr. M. A. Levy ebenfalls in Breslau. Die
Todtenfeier ist mit Erlaubniß des Herrn Verlegers den
Gebetbüchern von Geiger und Joël entnommen.

Möge Gottes Segen mit meinem Buche sein, so
daß die andächtigen Empfindungen der Betenden recht oft
durch dasselbe einen wahrheitsgetreuen Ausdruck finden.

Breslau, im Mai 1867.

Der Verfasser.

Inhalt.

A. Oeffentlicher Gottesdienst.

Sabbath= und Festgebete.

IV. Gebete für die Halbfeste.

1. Chanucka.

2. Purim.

V. Gebete für den 9. Ab (Tischah be=aw.)

B. Häusliche Andacht.

C. Jahrzeits-, Friedhof-Gebete und Todtenfeier.

1. Jahrzeitsgebete.

2. Friedhofgebete (Geiger).

3. Todtenfeier (Geiger und Joël).

A. Oeffentlicher Gottesdienst.
Sabbath= und Festgebete.

Die Feste des Herrn.

"Die Feste des Herrn, an denen ihr heilige Festversammlung verkünden sollt, dies sind meine Feste." Also lautet der Mahnruf Gottes an uns in seiner heiligen Lehre. Die Tage des Jahres, mit ihren Mühen und Lasten, mit ihren Zerstreuungen und Vergnügungen, gehören euch, ihr Menschen, bis auf die wenigen, die ihr dem Herrn weihen sollt, auf daß sie euch dann vollends angehören, daß euer besseres Selbst zum vollen Bewußtsein seiner höheren göttlichen Würde gelangen könne.

Wenn es still und freundlich im Hause ist, wenn des Werktags Arbeit ruht, da kehrt der Mensch bei sich selber ein, da empfindet er es im tiefsten Gemüthe, daß Streben und Schaffen nicht des Strebens und Schaffens Ziel sei, sondern daß die Freude an dem Erworbenen und Erarbeiteten sein Herz erquicken, seinen Geist befriedigen und seine Kräfte stärken muß.

Dann empfindet er den Segen Gottes und seine Nähe, und alles Unlautere und Unedle schwindet. Die Einkehr in sein Inneres läßt ihn auch erkennen, ob

auch alles Erstrebte des Strebens, alles Erarbeitete
der Arbeit werth ist. Wie wohl thut solche Einkehr
in der umgebenden Stille und Ruhe des Hauses, und
wie sehr ladet dazu des Feiertages Ruhe ein! Ja, so
sind Dir, o Herr, die Zeiten der Ruhe geweiht, auf
daß sie allem Göttlichen in uns förderlich und gedeihlich
werden?

In der Stille des Hauses treten alsdann Die uns
näher, die uns die Nächsten sind. Das legen uns die
Worte Deiner Lehre an's Herz: „Du sollst dich
freuen an deinem Feste, du und dein Sohn
und deine Tochter und deine Hausgenossen."
Wie oft sind uns die Theuern ferne im Getriebe der
Welt, wenn Sorgen und Mühen uns nahe sind; wie
selten weilen sie in der erwärmenden Nähe des Herzens,
wenn Klugheit und Berechnung, die Hindernisse im
Leben zu bewältigen, uns ganz gefangen halten. Darum
seien die Feste, so will es der Herr, auch Feste den
Deinigen, damit das Band der Liebe und der Innigkeit dich immer von Neuem und immer fester mit
ihnen verknüpfe.

So sind denn unsere Feste mit ihrer zwiefachen
hohen Bestimmung auch das Band geworden, das
Israels Söhne in der Zeit seines Glanzes zu einer
liebenden Familie einigte und in der Zeit des Elends
und der Zerstreuung sie nicht auseinanderfallen und die
zarten Pflänzchen häuslichen Segens nicht verkümmern,
wohl aber zu gedeihlicher Blüthe und Frucht zeitigen
ließ. Wie ein Volk seine Feste feiert und welche Feste
es begeht, das giebt den Maßstab seiner Glaubensinnig-

keit und seines Denkens Höhe an. Und da darf Israel
ohne Selbstüberhebung sich an die Spitze der Völker
stellen. Auch diese Betrachtung beut uns Erquickung
in den Zeiten der Weihe. Tiefer Sinn für die Gaben
der Natur, für ihre Verjüngung, ihre Fülle, ihren
Segen, waren nicht fremd unsern Urahnen, und Dank
gegen den Spender alles Guten erfüllte ihren Sinn.
Mit gleicher Wärme sprach's auch in ihrem Innern für
die Regungen des Herzens, für Versöhnung mit den
Nebenmenschen, für Buße und Reue, und auch diesen
echt menschlichen Regungen fehlte nicht des Festes Weihe,
und sie fand in den Häusern und Betstätten Israels
ihren entsprechenden Ausdruck. Vor Allem aber prägte sich
unsern Vorfahren die Erkenntniß tief ein — und auch
wir wollen sie uns einschärfen — daß der Herr es ist,
der nicht nur des Einzelnen Geschicke, sondern der
Menschheit Walten und Wirken im liebevollen Vaterherzen
trägt, und Israels wunderbare Leitung in seiner treuen
Hand hält. So sind denn auch unsere Feste mahnende
Merkzeichen auf der Wanderung durch die Zeiten, daß
der Herr ein kleines Völkchen aus tiefer Knechtschaft
sich erkoren, es leiblich und geistig befreit, durch die
Wüste des Lebens sicher geführt, in schützender Hütte
sie geborgen, ihre Fesseln, die frecher Uebermuth und
verkehrter Sinn um sie zu legen sich erkühnten, ge-
sprengt und der Menschheit sie dann weit und breit
zu Lehrern des einigen einzigen Gottes, des liebenden
Vaters Aller eingesetzt, um alle seine Kinder zu einer
Bruderfamilie zu einigen, die, getragen von diesem
Bewußtsein, den Himmel erstrebt.

Eine solche Betrachtung unserer Feste wird geeignet sein, uns jedes einzelne Fest in seiner Bedeutung für sich und als Glied des Ganzen würdigen zu lassen; der Sabbath, der an die Allmacht des Herrn mahnt, der das All aus dem Nichts ins Dasein gerufen, das Passah-, Wochen- und Hüttenfest, die uns die Erlösung Israels aus dem Sklavenjoch, seine äußere und innere Befreiung und die treue Fürsorge des Herrn für die Erlösten in Erinnerung bringen, das Neujahr und der Versöhnungstag, die von der Sündenschuld uns reinigen, und Chanucka und Purim, die immer von Neuem den Trost uns bringen sollen, daß alle Verfolgungen und Zurücksetzungen, alle Versuche, Israel von seinem Glauben abzuführen, nur Prüfungen Gottes sind, die den reinen, lauteren Gehalt der Religion zu Tage fördern, auf daß wir mit immer größerer Innigkeit den Schatz, den unsere Vorfahren uns überliefert, bewahren und bewachen sollen. Möge dieses heilige Gut uns und ganz Israel von Geschlecht zu Geschlecht freudig bereit finden zu jeglichem Opfer, das seine Verherrlichung von uns fordert, und also die Feier unserer Feste uns bleiben ein hell leuchtendes Licht auf der Bahn durch die Zeiten, ein Licht, dessen Glanz nie schwinde und erlösche in Ewigkeit.

I. Gebete für den Sabbath.

Der Sabbath.

שבת.

מַה טֹּבוּ

Beim Eintritt in das Gotteshaus.

Wie schön ist, Israel, Dein Zelt!
Und Jakob, Deine Hütte!
Da thronet Gott, der Herr der Welt,
In seines Volkes Mitte.

Da tret' ich vor Dein Angesicht,
O Herr! mich tief zu bücken,
Bestrahlt von Deiner Gnade Licht
In's eig'ne Herz zu blicken.

Wie lieb' ich diesen heil'gen Ort,
Als meines Segens Quelle!
Es spendet Glück mir fort und fort
Und Frieden diese Stelle!

Hier find' ich Trost in Traurigkeit,
Erhebung in der Freude.
Weil ich vor Gottes Herrlichkeit
Mich gern in Demuth kleide.

Mit Lust und Liebe bin ich d'rum
Nun in Dein Haus getreten,
Vernimm, o Vater, wiederum
Mein Bitten und mein Beten!

                Amen!

Gebete für den Sabbathtag.

Ewiger Gott, Herr und Vater, unendlich wie Du bist, ist auch Deine Macht, Deine Größe und Herrlichkeit, Deine Weisheit und Deine Gnade. Gelobt sei Dein heiliger Name in Ewigkeit!

Du hast den Sabbath eingesetzt, daß er uns ein Tag der Ruhe und der Erhebung, ein Tag der Andacht und der Erbauung sei. O laß' meines Mundes Worte und die Gedanken meines Herzens Dir wohlgefällig sein. Amen!

אדון Herr der Welt! Du hast regiert, eh' noch ein Wesen erschaffen ward. Du wirst König genannt seit der Zeit, da auf Deinen Willen das All' erstanden ist, und wenn einst Alles dahin sein wird, dann wirst Du allein noch herrschen, o Ehrfurchtbarer! Ja, wie Du warst, so bist Du und so wirst Du ewig sein in Herrlichkeit,

Du bist einzig, kein zweites Wesen ist Dir zu vergleichen
und Dir an die Seite zu stellen. Du bist ohne Anfang
und ohne Ende, und Dein ist die Macht und die Herr=
schaft. Du bist aber auch mein Gott, mein lebendiger
Erlöser, Fels in meinem Leibe zur Zeit der Noth. Du
bist mein Panier und eine Zuflucht für mich, Antheil
meines Kelches am Tage, da ich rufe. In Deine Hand
empfehle ich meinen Geist, zur Zeit, wenn ich schlafe und
wenn ich wache, und mit meinem Geiste auch meinen
Körper; ist Gott mit mir, so fürchte ich Nichts.

אתה הוא Du bist der Ewige, unser Gott, im
Himmel und auf Erden und in allen Räumen der Welt.
Das ist gewiß und wahrhaftig, daß Du der Erste bist
und der Letzte, und außer Dir ist kein Gott. O, möchten
doch alle Bewohner der Welt es erkennen und bekennen
daß Du, Gott, allein der Herr bist auch in allen Reichen
der Erde. Du hast den Himmel gemacht und die Erde,
das Meer und Alles, was es füllet. Wer von allen
Deinen Geschöpfen in der Höhe und in der Tiefe ver=
mag Etwas hinzuzufügen zu den Werken Deiner Allmacht?
O Du, unser Vater im Himmel! übe Barmherzigkeit
mit uns um Deines großen und heiligen Namens willen.

O, ich wollte so gern, Dich rühmen und preisen,
Allerhabener, aber die Worte meines Mundes reichen
nicht hin zum Lobgesang für Deine Ehre; darum möge
es Dir wohlgefällig sein, wenn ich Dich anbete mit den
Liedern der von Dir begnadeten Sänger, die Dich
angebetet haben in heiligen, unvergänglichen Dichtungen.

Psalm 19.

Die Himmel, sie erzählen Gottes Ehre,
Die Feste spricht von seiner Hände Werk.
Vom Tage strömt das Wort dem Tage zu,
Die Nacht giebt diesen Unterricht der Nacht,
Nicht sind's geheime Worte und nicht Reden,
Daß ihre Stimmen man nicht hören könnte:
So weit die Erde reicht, tönt ihre Saite,
Ihr Vortrag bringet bis an's Ziel der Welt,
Bis wo der Sonnenball sein Zelt gebaut,
Der wie ein Bräut'gam zieht aus seiner Hütte,
Und freudig, wie ein Held die Bahn durchläuft.
Von einer Himmelsgrenze zieht er aus,
Den Kreislauf durch, bis wieder zu ihr hin.
Und seinem Glanze bleibet Nichts verborgen.
Die Lehre Gottes labt die Seele ganz,
Sein Zeugniß, wahrheitsvoll, macht Thoren weise,
Und sein Befehl, gerecht, erfreut das Herz.
Sein lauteres Gebot verklärt den Blick,
Die Gottesfurcht ist rein, bestehet ewig,
Die Rechte Gottes allesammt sind Wahrheit.
Noch köstlicher als Gold und köstlich Erz,
Dem Munde lieblicher als Honigseim.
Und auch Dein Knecht will ihrer sorgsam achten,
Denn großer Lohn wird denen, die sie hüten.
Jedoch wer kennt sie? wer ist frei von Sünden,
Die ungern oder unbewußt gethan?
Vor Uebermuth nur wahre Deinen Knecht!
Lass' ihn nicht herrschen über mich — und frei
Von Frevelthat kann ich Vergeltung hoffen.
Lass' wohlgefallen meines Mundes Wort,
O Gott, und die Gedanken meines Herzens
Vor Dir, der Du mir Fels und Rettung bist.

Pfalm 34.

Den Ew'gen will ich loben allezeit,
Sein Ruhm soll stets in meinem Munde sein!
Des ew'gen Gottes rühmt sich meine Seele,
Ihr Demuthsvollen hört's und freut euch dessen!
O preiset seine Größe laut mit mir
Daß allesammt wir seinen Namen ehren.
Da ich ihn suchte, hat er mich erhört,
Hat mich befreit von allen meinen Aengsten.
Die auf ihn schaun, geh'n nie beschämt zurück.
Rief je ein Armer, Gott erhörte ihn,
Er rettet ihn von allen seinen Nöthen.
Die Engel Gottes lagern rings im Kreis
Um die, die ihn verehren, — sie zu hüten.
Da schaut nur hin und seht, wie gut er ist,
Heil allen denen, die auf ihn vertrauen!
Wohl darben, hungern mag der Löwen Brut,
Nie fehlt der Segen denen, die ihn suchen.
Kommt Kinder, laßt die Gottesfurcht euch lehren:
Wer ist der Mann, der Lust am Leben hat,
Die Tage liebt um Freude zu genießen?
Wohlan! so wahre deinen Mund vor Bösem,
Und deine Lippen vor des Truges Wort!
Der Sünde weiche aus, das Gute übe,
Den Frieden suche, folg' ihm emsig nach.
Das Auge Gottes schaut auf die Gerechten,
Sein Ohr ist ihrem Flehen zugewandt.
Doch sieht der Herr auch die, die Böses üben,
Um ihr Gedächtniß aus der Welt zu bannen.
Er hört auf die, die flehend zu ihm rufen,
Von ihrem Leide gnädig sie zu retten;
Denn nahe ist er dem gebrochnen Herzen
Und seine Hilfe dem gebeugten Geist.
Und trifft das Unglück auch den Redlichen,
Von allem Uebel macht der Herr ihn frei.

Er hütet ihn, daß er nicht Schaden leide,
Daß nicht verletzt sei eines seiner Glieder.
Den Sünder führt die Sünde selbst zum Tode,
Des Frommen Feind versinkt in seiner Schuld;
Die Seelen seiner Diener rettet Gott,
Die ihm vertrauen, quält die Reue nie.

Psalm 90.

Ein Gebet von Mose, dem Manne Gottes.

Gott, Du warst unsere Zuflucht für und für!
Bevor die Berge noch geboren wurden,
Eh' noch die Erde, eh' die Welt geschaffen,
Warst Du, Allmächtiger von Ewigkeit,
Du führtest einst das menschliche Geschlecht
Ganz nahe an den Untergang heran.
Dann sprachst Du: „Kehret wieder, Adams Söhne."
(Denn tausend Jahre sind vor Deinem Auge
Dem Tage gleich, der gestern ist vergangen,
Ja gleich der Wache Wechsel in der Nacht.)
Du strömst sie weg, im Schlaf vergehen sie
Und sind am Morgen frisch in Gras verwandelt.
Und was am Morgen Blüthen treibt und sprosset,
Das ist am Abend wieder welk und dürr.
So geh'n auch wir in Deinem Zorn dahin,
In Deinem Grimme sind wir schnell vernichtet,
Wenn unsere Sünden vor Dich hin Du legst
Und die verborg'nen prüfst vor Deinem Licht;
Es wichen uns're Tage Deinem Zorn,
Es schwänden uns're Jahre wie ein Hauch.
Nur siebzig Jahr sind uns're Lebensjahre,
Und wenn es herrlich ist, so sind es achtzig;
Ihr Stolz, was ist er? Müh' und Nichtigkeit.
Schnell abgeschnitten dann, wir schweben hin,

Wer aber kennet Deines Zornes Macht?
Und wie die Furcht vor Dir und Deinem Grimm,
So lehre auch uns uns're Tage achten,
Auf daß wir uns ein weises Herz erwerben.

Psalm 91.

Der du im Schirme des Höchsten, im Schatten der Allmacht
verweilest,
Sprich zu dem Herrn: „O, Du bist meine Feste, auf die ich
vertraue!"
Er, von verheerender Pest, von der Schlinge wird er dich retten
Deckt mit dem Fittige dich, seine Treue ist Schutz dir
und Waffe.
Nimmermehr schreckt dich die Nacht und die Pfeile, die
schwärmen am Tage,
Seuche nicht, schleichend im Dunkeln, und Krankheit, verderbend
am Mittag.
Dich nur erreichen sie nicht, wenn auch Tausend zur Seite
dir fallen.
Schaust mit den Augen sie an, und die Strafe der Bösen, die
siehst du.
Fürchtest nicht, denn auf dem Herrn, meine Zuversicht, steht
dein Vertrauen;
Unheil erreichet dich nicht, und es naht deinem Zelt keine Plage;
Denn er befiehlt seinen Engeln, daß überall sie dich bewachen;
Auf ihren Händen getragen, verletzet kein Stein deine Füße,
Löwen und Schlangen zertreten magst du, und einhergeh'n auf
Nattern,
„Ich", spricht der Herr, „will ihn retten und schützen, er kennt
meinen Namen,
Höre ihn, wenn er mich ruft, bin bei ihm zur Zeit seines
Leides;
Schauen dann soll er mein Heil, gesättigt, befriedigt vom
Leben".

Psalm 92.

Wie ist's so schön, dem Ewigen zu danken
Und zu lobsingen Deinem Namen, Höchster!
Am Morgen Deine Gnade zu verkünden
Und Deine Treue preisen in den Nächten
Mit Flöten, Saitenspiel und Harfenklang.
Denn Du erfreust mich, Herr mit Deinen Thaten;
Ich jauchze ob der Werke Deiner Hand.
Wie groß, o Gott, sind Deine Wunderthaten,
Und Deine Pläne, wie unendlich tief!
Der Unverständige sieht das nicht ein,
Der Thor, der blöde, kann das nicht begreifen.
Wenn auch die Frevler grünen wie das Gras,
Wenn Uebelthäter blüh'n — so gehn sie doch
Der ewigen Vernichtung nur entgegen.
Du, Herr, Du bist in Ewigkeit erhaben.
Und Deine Feinde alle geh'n dahin,
Die Uebelthäter stäuben aus einander.
Mein Horn erhebest Du, dem Waldstier gleich.
Mit frischem Oele salbest Du mein Haupt.
Mein Auge schaut an meinen Neidern Schmach;
Ich hör's, wenn Bosheit wider mich sich rüstet.
Der Fromme blüht der Palme gleich empor.
Er sprosset gleich der Ceder Libanons.
Im Haus des Ewigen sind sie gepflanzt,
Sie blühen in den Höfen uns'res Herrn,
Sie müssen noch im späten Alter grünen,
Sie müssen frisch und saftvoll immer sein,
Um zu verkünden, daß der Herr gerecht,
Mein Schutzfels, und kein Mangel ist an ihm!

Heil denen, die in Deinem Hauſe wohnen, die
Dich preiſen immerdar! Heil dem Volke, dem's alſo
geworden, Heil dem Volke, deſſen Gott der Ewige iſt!

Pſalm 145.

(Ein Loblied Davids.)

Herr, ich will Dich erheben, Du biſt König,
Will Deinen Namen preiſen für und für.
An jedem Tage, Herr, will ich Dich rühmen,
Will loben Deinen Namen jederzeit.
Denn Du biſt groß und angebetet, Herr,
Und Deine Größe, ſie iſt unerforſchlich.
Die Zeiten alle preiſen Deine Thaten,
Von Deiner Wundermacht erzählen ſie,
Vom hohen Glanze Deiner Herrlichkeit;
Sie ſprechen ſtets von Deinen Wunderwerken.
Von Deiner Größe will auch ich erzählen,
Will, ſo wie ſie, ob Deiner Güte jauchzen:
Allgnädig iſt der Herr und voller Huld,
Langmüthig iſt er und von großer Güte
Und freundlich gegen Alle, — ſeine Gnade
Erſtreckt ſich über alle ſeine Weſen.
D'rum müſſen alle Weſen, Herr, Dir danken,
Sie müſſen Dich ob Deiner Güte ſegnen,
Von Deines Reiches hoher Herrlichkeit,
Von Deiner Macht und Deinen Wundern ſprechen,
Den Menſchenkindern allen zu verkünden
Von Deines Reiches hoher Herrlichkeit.
Dein Reich, das iſt der Ewigkeiten Reich,
Und Deine Herrſchaft währet für und für.
Du ſtützeſt, Ewiger, die Fallenden,
Du richteſt auf die tief Gebeugten alle,
Die Augen Aller ſind auf Dich gerichtet
Und Du giebſt ihnen Brot zur rechten Zeit.

Du öffnest milde Deine Vaterhand
Und sättigst, was da lebt, mit Wohlgefallen.
Du bist gerecht in allen Deinen Wegen
Und gnadenvoll in allen Deinen Thaten;
Bist nahe denen, die zu Dir sich wenden,
Erhörest gern, Die Dich in Wahrheit rufen;
Du thu'st den Willen derer, die Dich ehren,
Du hörest und erfüllest ihr Gebet;
Du bist ein Hüter denen, die Dich lieben,
Und Du vernichtest nur die Uebelthäter.
Drum sei mein Mund, Herr, Deines Lobes voll,
Und alles Fleisch, es preise Deinen Namen
Von jetzt an bis in alle Ewigkeit.
Wir auch, wir Alle preisen Dich, o Gott,
Jetzt und in Ewigkeit. Hallelujah!

So nimm denn Du, Herr, mein Gott, den Aus=
spruch meines Mundes in diesen Liedern so auf, als ob
ich die Gedanken meines eigenen Herzens vor Dir
offenbart hätte. Es will mich bedünken, als ob ich
Deinen heiligen Namen nicht würdiger preisen könnte,
als in der Weise, wie es die Tausende Deiner Bekenner
gethan haben in Tausenden von Jahren. Du bist heute
derselbe, der Du von je gewesen, Du bist der Erste und
Letzte, und außer Dir ist kein Gott, darum brauche ich
nicht Neues zu ersinnen, um Dich zu verherrlichen,
weil ich es nicht besser thun könnte, als jene erleuchteten
Vorbilder der Gottesverehrung. In ihrem Geiste zu
denken und zu fühlen, das sei meine Aufgabe und
mein Bestreben. Amen!

נִשְׁמַת

Nischmath.

(Dieses Gebet wird auch an allen Hauptfeiertagen gesprochen.)

Der Odem aller Wesen, die da leben,
Soll preisend Deinen Namen, Herr, erheben,
Und jeder Geist, der denken kann,
Erkenne Dich als König an.
Du bist der König allezeit,
Von Ewigkeit zu Ewigkeit.
Nur Du — kein Anderer ist's je gewesen —
Nur Du allein kannst helfen und erlösen;
Nur Du allein, Du kannst bewahren
Vor Leid und Trübsal und Gefahren.
Von Anbeginn warst Du allein,
Du wirst der Wesen letztes sein;
Du schufest Alles, was vorhanden,
Und nichts ist ohne Dich entstanden,
Und fort und fort
Wird nur Dein Wort
Der Welt in ihrem Sein gebieten;
Du leitest sie mit Deiner Liebe,
Um in der Schöpfungen Getriebe
Die schwachen Wesen zu behüten;
Kein Schlummer kann das Auge Dir bedecken,
Doch Du nur kannst die Schlafenden erwecken.
Den Mund der Stummen machst Du sprechen,
Läßt der Gebundenen Fesseln brechen.

Du stützest die zum Staub Geneigten,
Du richtest auf. die Schwergebeugten;
Laß' Dir allein
Uns dankbar sein.
Wenn unser Mund erfüllt von Liedern wäre,
So wie des Wassers voll sind alle Meere,
Und könnte unsre Stimme tönen
So wie der Meereswogen Dröhnen,
Und könnt' um Deines Lobes Willen
Sie selbst den Himmelsraum erfüllen,
Und blickten wir in's Weltenreich
Der Sonne und dem Monde gleich,
Und könnte uns ein Flug gelingen
So mächtig, wie mit Adlersschwingen,
Und stiegen wir, gleich der Gazelle,
Auch himmelan mit Windesschnelle:
So könnten wir trotz all' der Gaben,
Nicht Kräfte zur Genüge haben,
Um Dich zu fassen, Dich zu erkennen,
Für Dich das rechte Wort zu nennen.
Wir wären zu gering und klein,
Für eine dankbar Dir zu sein
Von Deinen Gnaden,
Den Myriaden.
Seit, unsre Väter zu erlösen,
Ein starker Helfer Du gewesen,
Seit Du zerrissen ihre Ketten,
Vom Sklavenjoch sie zu erretten,
Seitdem hast Du auch uns, wie diesen,
Dein Heil und Deine Huld erwiesen:

Du hast im Hunger uns erquickt,
Des Segens Fülle uns geschickt,
Und wenn Gefahren
Uns nahe waren,
Wenn Kriegesnoth
Uns arg bedroht,
Wenn, matt und krank,
Der Muth uns sank,
In bösen Tagen,
Voll schwerer Plagen,
Da ließest Du die bösen Zeiten
Vorübergleiten.
Und wie bis heut Barmherzigkeit
Mit Vaterhuld Du uns geweiht,
So achtet ferner Deine Gnade
Auf unsere Pfade.
O Herr! Vor Deinem Angesicht
Verwirf uns nicht.

D'rum beugen wir vor Dir uns nieder,
Dir dienen alle uns're Glieder,
Die Du zum Leibe hast gestaltet,
Und auch der Geist, der in uns waltet.
Es dienet diesem Wunderbunde
Der Zunge Kraft in uns'rem Munde,
Sie kann mit ihrem Laut es wagen,
Von Deiner Herrlichkeit zu sagen.
Es spricht der Mund: Dich loben wir,
Und jede Zunge schwört zu Dir,
Und jedes Knie vor Dir sich beugt,

Und jedes Haupt vor Dir sich neigt,
Und jedes Herz ehrfürchtet Dich,
Wir singen Preis Dir inniglich.
So ist es in der Schrift zu lesen:
Mein Geist, mein Leib, mein ganzes Wesen,
Das spricht von Gott: Wer ist Dir gleich
Im Weltenreich?

Es schützet Deine Huld den Armen,
Du schenkst den Dürftigen Erbarmen,
Daß ihn nicht drängt der Uebermuth,
Der Starke ihm nicht Leides thut.
Wer will sich Dir zur Seite stellen,
Sich Dir gesellen;
Wer will vermessen
Mit Dir sich messen!

———————

Ja, Du bist Gott! so groß, so groß!
So machterfüllt, so fehlerlos!
Du einzig Wahrer!
Du Ehrfurchtbarer!
Erhaben über alle Geister,
Des Himmels und der Erde Meister,
Wir wollen Dich rühmen, wir wollen Dich preisen
Wir wollen Dir dienen und Ehrfurcht erweisen,
Dich heiligend nennen,
Zu Dir uns bekennen,
Und ohne Wanken
Mit allen Gedanken

Nach Dir verlangen,

An Dir nur hangen,

Wie David gesungen, so wollen wir singen:

Dir Ewigem, Einzigem, Huldigung bringen

Soll meine Seele, die aufwärts strebt,

Und all mein Leben, das in mir lebt,

Soll benedeien den heiligen Namen

Des Herrlichen, Ewigen, Einzigen.

Amen!

Gebet.

Herr und Vater! In Deinen heiligen Geboten hast Du die Feier des Sabbathes als eine Pflicht von hohem Range für uns bestimmt. „Gedenke des Sabbathtages, ihn zu heiligen. Sechs Tage sollst du arbeiten und alle deine Werke verrichten." So lautet das Wort, das Du vom Sinai gesprochen.

Darum suche ich heute die geweihte Stätte der gemeinsamen Andacht auf, weil ich den Sabbath heiligen will in der Mitte der Deinen.

Hier, in meinem lieben Gotteshause, vermag das Bewußtsein lebhafter in mir zu werden, als im bewegten Treiben der Welt, daß Du, Herr, den Sabbath uns gegeben, damit er eine Wohlthat für uns sei. Nur die Einkehr in unser Inneres führt unsern Geist zurück zur wahren Erkenntniß unseres Verhältnisses zu Dir

nur die andachtsvolle Erhebung im Gebete stärkt unser
Vertrauen zu Dir und vermindert manches Leid des
alltäglichen Lebens, nur der ausgesprochene Dank für
die Gaben Deiner Liebe stellt Dich uns lebhaft als
unsern Hort und unsere Zuflucht dar, nur die demuths=
volle Betrachtung Deiner Größe und Erhabenheit erfüllt
uns mit der Empfindung des Glückes, Bekenner Deiner
Lehre, treue Anhänger des wahren Gottesglaubens zu
sein. So wird der Besuch des Gotteshauses, das in=
brünstige Gebet, nicht ein Dienst, den wir Dir weihen,
sondern eine Wohlthat, die wir genießen, eine Freude,
die wir Dir verdanken.

O, Herr und Vater, laß mich immer die Freude
und die Befriedigung finden, die die Feier des Sabbathes
gewährt. Und wie ich ihn betrachte als den Tag des
Herrn, so will ich auch nie vergessen, daß mit demselben
Ausspruche, der den Sabbath einsetzt, Du auch die
Arbeit der sechs Tage uns befohlen hast.

Nicht einzig und allein um des Leibes Nahrung
sollen wir arbeiten, weil es ja doch thöricht ist, zu
glauben, daß wir es eben können, denn nicht von
unserer Thätigkeit und von unserer Weisheit hängt der
Segen ab, der aus dem Werke unserer Hände empor=
wächst, sondern von Deiner Gnade, und alles, was wir
arbeiten und genießen, bleibt, trotz unserer Mühe, ein
Geschenk von Dir.

Aber um Dein Gebot zu erfüllen, sollen wir thätig
sein, auf daß wir selber weiser und erfahrener und
unsern Nebenmenschen nützlich werden. Wahrlich, kein
Mensch, dem Du die Kraft zu nützlicher Thätigkeit

gegeben haft, ist der Pflicht ledig, sie auch anzuwenden, selbst wenn der Erdengüter Fülle ihn nicht zur Arbeit nöthigt.

So soll der Sabbathtag mir eine doppelte Mahnung sein: daß ich nie und nimmer vernachlässige, diesen Tag dem Herrn zu weihen durch Gebet und demuthsvolles Hintreten vor meinen himmlischen Vater, und daß ich nie und nimmer versäume, das Bewußtsein der Pflicht in mir zu erwecken, daß der Mensch bestimmt ist zu nützlicher Thätigkeit auf Erden. Schenke, mein Gott, hierzu mir Deine Gnade. Amen!

Beim Herausheben der Thora am Sabbath.

שְׁמַע יִשְׂרָאֵל יְהוָֹה אֱלֹהֵינוּ יְהוָֹה אֶחָד

לְךָ ה' הַגְּדֻלָה Dein, o Herr, ist alle Größe; was unser Auge und unser Gedanke durchmessen kann, ist Nichts vor Dir. Dein, o Herr, ist alle Macht; alle Wesen und alle Welten sind von Deinem Willen abhängig, Dir dienen alle Kräfte der Natur und gehorchen Deinem Winke. Dein, o Herr, ist alle Herrlichkeit; der Himmel und die Erde und alles, was sie schmücket, ist Dein Werk. Dein, o Herr, ist alle Majestät, die sich offenbaret in den Wolken droben, auf der Feste der Erde und in den Fluthen des Meeres. Du bist König, Dein ist die Herrschaft, von Ewigkeit zu Ewigkeit.

Erhebet den Ewigen, unsern Gott, und beuget Euch zum Staube vor ihm; denn er ist heilig. Erhebet den Ewigen, unsern Gott, und beuget Euch vor dem Berge seiner Herrlichkeit; denn heilig ist der Ewige, unser Gott.

אַב הָרַחֲמִים O Vater der Barmherzigkeit! Erbarme Dich des Volkes Deiner Treuen, gedenke Deines Bundes mit den festen Säulen der Glaubenstreue. Hüte unsere Seele vor bösen Stunden; lass' an uns nicht herannahen böse Begierde und Versuchung, sei immerdar unser Retter aus Gefahren und erfülle die Wünsche unseres Herzens, so sie Dir angenehm sind. Amen!

Gebet bei Verkündigung des Neumondes.

(Aus dem Gebetbuch von Kämpf.)

Möge es Dein Wille sein, Ewiger, unser Gott, und Gott unserer Väter, daß Du uns neu werden lassest den kommenden Monat zur Wohlfahrt und zum Segen! Gieb uns langes Leben, ein Leben des Friedens und des Wohlergehens, reich an Erwerb und rüstiger Gesundheit; ein Leben voll Gottesfurcht und Sündenscheu, frei von Beschämung und Schande; ein Leben, erheitert durch Wohlstand und Ehre, veredelt durch fromme Werke und gottgefällige Handlungen; ein Leben, in welchem unsere Herzenswünsche nur dann in Erfüllung gehen mögen, wenn sie uns zum Heile sind. Mögen dieses die vereinten Gebete der Gemeinde erflehen! Amen! Selah!

Dasselbe.

(Aus dem Gebetbuche von Geiger.)

Mein Gott! Laß' mich den Anfang und das Ende des kommenden Monats erleben in Kraft und Gesundheit! Sende mir (meinen Eltern) Deinen Beistand, daß ich (sie) an ihm für meine (ihre) Bedürfnisse zu sorgen vermag (vermögen) in Redlichkeit und Ehren! Halte fern von mir und den Meinigen Gefährdung und Beschämung! Mögen die Wünsche meines Herzens in ihm erfüllet werden, so sie Dir, o Herr, wohlgefallen. Dein Reich der Wahrheit und der Liebe werde im Laufe desselben gefördert, auf daß die Zeit der frohen Verheißung immer näher an uns heranrücke: Ein Vater im Himmel, eine Bruderfamilie auf Erden! Amen!

II. Gebete für die Freudenfeste.

שָׁלֹשׁ רְגָלִים

1. Das Passahfest.

פֶּסַח.

Festbetrachtung am Passahfeste.

Herr und Vater! Wir feiern heute das älteste, das erste Fest, das Du der Gemeinde Israel's in Gnaden hast verliehen. Als unsere Väter nicht mehr tragen konnten das harte Joch, welches der Aegypter, Dein vergessen, ihnen auferlegt, als der Uebermuth des Unterdrückers ihnen genug der Thränen und der Seufzer ausgepreßt, da erhobest Du Dich in Deinem Richteramte, schafftest Recht den unschuldig Geknechteten und führtest sie hinaus zur Freiheit und Freudigkeit. Und der Tag, der unsere Väter zum ersten Male als freie Männer hat gesehen, der über ihnen aufging als Geburtstag einer neuen Zeit, ihn weihtest Du zum frohen Feste, das noch die späten Enkel mahnen sollte an Deines Armes Stärke, die hilft und rettet. So begrüßen wir denn freudig dieses Tages Wiederkehr, wir grüßen ihn

mit Dankgebet, mit Hallelujah, wir begrüßen ihn mit
herzlicher Erinnerung. Vor uns im Geiste steht die
Zeit, da Deine Sendboten kamen, den Gefangenen
Freiheit und den Gefesselten Erlösung zuzurufen, da sie
in Deinem Namen zu Pharao sprachen: Entlasse mein
Volk, daß es mir diene. Da wollte nicht trauen auf
Dein Wort der Uebermüthige und auch das Volk, das
tiefgebeugte, es konnte nicht zum frohen Hoffen sich
erheben. Doch Du machtest wahr, was Du verheißen
Du sandtest Dein Gericht, daß darob erbebten die
Herzen der Aegypter, daß, vor Dir geschreckt, sie ziehen
ließen die Schaar, die zu Deinem Dienste Du bestimmt.
Vor uns im Geiste steht Israel, wie es familienweise
das erste Freiheitsmahl genoß, das Passahlamm, das
Deine Gnadenthat verkörpert, wie es dann, das Brot
des Elends in den Händen, und nicht versehen mit
Vorrath für die lange Reise, vertrauensvoll dem Führer
folgte in die Wüste, hoffend auf Dich, den Allernährer,
hoffend auf die Speise, die Dein Schöpferwort ihnen
bereiten werde zur Erhaltung und zum Leben. Vor
uns im Geiste sehen wir dann den Verfolger, wie er,
bereuend die Freiheit, die er eben erst gewährt, nach-
stürmt der gottgeleiteten Schaar, wie er sie einengt
zwischen seiner Rosse Hufen und dem grausen Meer,
wie jeder Hoffnungsstrahl geschwunden schien, bis vor
Deines Wortes Drohen das Meer die Flucht ergriff,
die Feuchte in Trockniß ward gewandelt, und Israel,
gerettet, sang das Lied am Meer. Herr, wenn wir
deß' gedenken, wenn wir gedenken Deiner Liebe, die
unendlich, und Deiner Gnade, die nicht wanket, muß

nicht aufjauchzen unser Herz in Freudigkeit, muß nicht
jedes Wort des Dankes uns zum Liede werden, muß
nicht jede Sorge schwinden und jede Bangigkeit vergehen
durch den Gedanken an Dich? So wollen wir denn
an unserem Feste auch nicht bloß denken an Vergangenes,
so soll es uns denn auch lehren, auf Dich zu blicken
in allen Lagen des Lebens. Du hast bei der Befreiung
unserer Väter uns enthüllt das Walten Deiner Vor=
sehung auf Erden, Du hast uns gezeigt, daß Du blickest
auf die Gedrückten und die unschuldig Verfolgten, daß
Du ihre Thränen siehst und ihre Seufzer vernimmst,
daß Du eintrittst zu ihrer Hilfe und Rettung, daß Du
vereitelst die Pläne der Uebelthäter, daß Du ihre
Macht brichst, wenn sie sie mißbrauchen. O, so laß'
diese Erkenntniß an uns zum Segen werden! Gieb,
daß wir im Geiste dieser Erkenntniß leben! Laß uns
nicht verzagen, wenn uns Menschen bedrängen, oder
wenn das Geschick hart und unfreundlich in unser
Leben greift. Gieb, daß wir stets mit dem Psalmen=
dichter sprechen: Ich weiß, daß mein Erlöser lebt, daß
Dein Lob und Preis nie ersterbe auf unsern Lippen.

Amen!

Beim Eintritt in das Gotteshaus.

(An Festtagen oder bei festlicher Gelegenheit.)

Sei mir gegrüßt, du liebliche Stätte, die meine Sehnsucht aufsucht am Feste des Herrn! Mit Freude und Ehrfurcht betrete ich das Gotteshaus, denn es ist der Ort des Friedens. Hier empfindet der Geist ein süßes Heimathsgefühl, denn er ist im Vaterhause. Hier fühlt das Herz sich leicht und froh, denn Freude und Leid bleiben nicht in ihm verschlossen. Die Gedanken des Herzens vor geliebten Menschen aussprechen, ist Freude und Befriedigung, sie aber vor Gott offenbaren, den ich über Alles liebe und anbete, das ist Belebung und Wonne. Sei mir gegrüßt, du liebe, heilige Stätte! Du warst von je die Zeugin meines Jubels und meiner Betrübniß, meines Kummers und meines Dankes gegen Gott, und Du sollst es ferner bleiben, so lange Gott es mir vergönnt auf Erden. Amen!

Gebet am Vorabend des Passahfestes.

Allgütiger, Allmächtiger! Dich, als den wunder=
thätigen Wohlthäter unserer Väter zu preisen und als den wunderthätigen Wohlthäter all' ihrer Kinder, Deines ganzen Volkes Israel in allen Geschlechtern und eben

so als den des ganzen Menschengeschlechtes, darum feiern
wir heute zu Deiner Ehre das Fest der Befreiung.
Und es ist dieses Fest der Befreiung zugleich das Fest
des anbrechenden Frühlings. Wie du wunderthätig stets
gewirkt hast in der Geschichte der Menschheit, so wirkst
Du ebenfalls in der Natur zum Heile der Menschen.

Lang und düster war der Winter unserer Väter
in Aegypten, die Eisdecke harten Druckes, die Strenge
kalter Grausamkeit lasteten auf ihrem Schicksal und
die finstere Nacht der eigenen Kraftlosigkeit und Ver-
kommenheit umhüllte mit dichtem Gewölk ihren Geist.
Du aber, Herr, hast des Bundes gedacht, den Du
mit ihren Vätern geschlossen, und hast sie herausgeführt aus der Knechtschaft in die Freiheit, aus der
Unterdrückung in die Erlösung, aus der Finsterniß
zum hellen Lichte. Und Israel ist ein Volk geworden,
und das Volk ist die Pflanzstätte der Erkenntniß
Deines heiligen Namens geworden, daß er verbreitet
werde auf Erden und alle Völker der Erde zu Dir
sich wenden, daß auch sie befreit werden aus der Nacht
des Wahnes und des Irrglaubens, um sich zu vereinigen
im Reiche des Lichts und der Wahrheit. Darum, o Herr,
feiert unser dankbares Herz Dir heute das Fest der
Befreiung.

Und wenn wir um uns schauen, auf unsere eigenen
Tage und auf das Leben, das uns umgiebt, o dann
feiert auch unsere Seele ein Befreiungsfest und preiset
in Fröhlichkeit Deine ewige, wohlthätige Wundermacht.
Lang und düster war der Winter, den wir durchlebt,
erstarrt und kalt ruhete vor uns die Erde, entkleidet

der Pracht, mit der Deine Güte ſie geſchmückt hatte. Da haſt Du Dein ſchöpferiſches Befreiungswort auf's Neue geſprochen, und wieder belebt ſich die Natur um uns her, und wieder zieht mit doppelter Gewalt die Erkenntniß Deiner Liebe und Deiner Größe in unſere Bruſt, und alles, was da lebt, feiert in Wonne das Feſt der Befreiung.

O Herr! ſo möge es auch Dein Wille ſein, daß Du uns immerdar befreien mögeſt von allem, was uns bedrückt und ängſtigt. Befreie uns von den Banden des Unrechtes und der Thorheit, befreie uns von den Schlingen des Unglücks und des Leibes, ſo oft ſie uns drohen, auf daß wir fröhlichen Herzens Dir immerdar danken für die Freiheit und für das Wohlſein unſeres Leibes und unſeres Geiſtes. Amen!

Gebet am Paſſahfeſte.
(Vorher Niſchmath, ſiehe Seite 17.)

Du, Herr, biſt der Ewige, unſer Gott, der uns aus dem Lande Aegypten geführt hat, aus dem Hauſe der Knechtſchaft.

In dieſem Bekenntniß vereinigen ſich all' die Gedanken, die der heutige Feſttag in uns wachruft, daß wir, beſeelt von ihnen, fähig ſeien, Dich zu preiſen als den Unendlichen, den Allmächtigen und Allgütigen.

Ja, nur der Ewige iſt unſer Gott! Thorheit und Nichtigkeit, Wahn und Aberglaube wären alle

unsere Vorstellungen von Dir, wollten wir Dich
nicht als den Ewigen anerkennen, der erhaben ist über
alle Zeit. „Der Ewige ist unser Gott," das ist die
würdigste Bezeichnung Deiner Größe. Das allein giebt
mir die Ueberzeugung, daß mein Gott der wahre
Gott ist. Sind bei dem Gedanken an Dich die
Schranken der Zeit gefallen, was hindert mich noch,
auch die Schranken des Raumes fallen zu lassen, zu
glauben, daß Du allgegenwärtig bist, daß kein Gott
neben Dir und außer Dir vorhanden ist, daß Du
einzig bist? Was hinderte mich noch, auch die
Schranken der Vollkommenheit vor Dir als nicht
vorhanden anzunehmen, zu glauben, daß Du allwissend und allweise bist? Ja, ist nur der Ewige,
mein Gott, so sind zwar alle Grenzen überschritten, die
Dich meinem Geiste faßbar machen, aber in meinem
Gemüthe fühle ich Dich um so stärker und preise Dich
in Demuth als den Unendlichen.

Du hast uns aus dem Lande Aegypten
geführt. Ist's nichts mehr als ein Ereigniß, das die
Geschichte uns aufbewahrt hat, um uns Zeugniß davon
zu geben, wie das Geschlecht unserer Stammväter,
unterdrückt von der Gewalt fremder Herrscher, sich zum
freien Volke gestaltet hat? O nein, das Bekenntniß, daß
Gott uns aus Aegypten geführt, lehrt uns ihn selbst
erkennen, als den allmächtigen Herrn der Welt, der
da gebietet über die Herzen der Menschen und über
alle Kräfte der Natur.

Ja, Ewiger, Deinem Befehle gehorcht die Erde
und das Meer, Du gebietest den Thieren des Feldes

und den Wolken des Himmels, Du biſt Herr über
Leben und Tod, über Licht und Finſterniß, in Deiner
Hand ſind alle Dinge, und unmöglich iſt nichts vor Dir.
Denn alle Weſen der Körperwelt und alle Kräfte der
Natur ſind hervorgegangen aus Deinem Willen, Du
leiteſt die Welt und haſt ſie erſchaffen, und haſt Deine
Macht herrlich bewieſen, als Du mein Volk aus dem
Lande Aegypten geführt, denn Du, Ewiger, biſt der
A l l m ä c h t i g e.

Du haſt uns befreit aus dem Hauſe der
Knechtſchaft. Nicht war es die Frömmigkeit des
unterdrückten Sklavenvolkes, die der Befreiung ſie
würdig, nicht war es ihr Muth und ihr Freiheitsdrang,
der zur Befreiung ſie reif gemacht hätte, nicht war es
ihre Einſicht, die ſie die Sehnſucht empfinden ließ, Gott
dem Herrn, zu dienen, unabhängig von dem Drucke
der Heiden, im Lande der Götzendiener, und Deine
Gnade hat ſich dennoch ihrer erbarmt. Du ſaheſt nicht
auf ihre Würdigkeit, Du ſaheſt auf ihr Elend; Du
gedachteſt des Bundes, den Du mit Abraham, Iſaak
und Jakob geſchloſſen, und erfüllteſt Deine Verheißung,
Du führteſt ihre Nachkommen dem höchſten Glücke,
entgegen, das je die Menſchen erfahren, dem Glücke,
Deine heilige Lehre zu empfangen, den Urquell aller
Tugend auf Erden. Das alles hat Deine Güte gethan,
denn Du, Ewiger, biſt der Allgütige.

An dieſem Gedanken will ich mich erbauen am
heutigen Feſte des Auszuges aus Aegypten, daß Du,
Ewiger, biſt der Unendliche, der Allmächtige, der
Allgütige. Amen.

הַלֵּל

Die Hallel-Psalmen.

(Dieses Gebet wird auch am Wochen=, Hütten= und Schlußfeste gesprochen.)

Segensspruch: Gelobt seist Du, Ewiger, unser Gott, König der Welt! Mit Freudigkeit erkennen und vollbringen wir unsere Pflicht, Dich zu preisen in den Gesängen des „Hallel".

הַלְלוּ יָהּ Psalm 113.

Lobt den Herrn, ihr Diener Gottes, preiset seine Herrlichkeit!
Segnet seinen heil'gen Namen, heut' und bis in Ewigkeit!
Lobet dort ihn, wo die Sonne ihre Himmelsbahn besteigt,
Lobt ihn dort, wo sie am Abend wieder sich zur Ruhe neigt,
Hoch erhaben über Menschen Gottes Pracht am Himmel wohnt!
Wer noch gleichet unf'rem Gotte, der so hoch erhaben thront!
Doch der Große schaut das Kleine, schaut in's Kleinste tief hinein,
In dem Himmel und auf Erden ist dem Großen Nichts zu klein.
Und er schaut auch auf die Menschen, sieht auf der Bedrängten
                                                        Leid,
Hilft dem Armen aus dem Staube, zieht ihn aus der Niedrigkeit,
Ihn zu setzen neben Fürsten. Um des Daseins sich zu freu'n,
Setzt er auch die Unfruchtbare als des Hauses Mutter ein.

בְּצֵאת יִשְׂרָאֵל Psalm 114.

Als Israel gezogen war aus dem Aegypterlande,
Als Jakobs Haus sich frei gemacht von Sklaverei und Schande,
Hat Gott, der Herr, Jehuda sich als Heiligthum erlesen
Und seiner Herrschaft Unterthan ist Israel gewesen.

Da floh das Meer, der Jordan wich, es schwand der Wasser-
spiegel,
Die Berge hüpften Widdern gleich und Lämmern gleich die Hügel,
Was ist dir, Meer, daß du entweichst? Du, Jordan, bist
verronnen?
Was ist gescheh'n euch Bergen, daß zu hüpfen ihr begonnen?
Der Welten Herr ist Jakobs Herr, vor ihm erbebt die Erde,
Er ist es, der dem Stein befiehlt, daß er zur Quelle werde.

לא לנו Psalm 115.

Nicht wegen uns, o Herr! um Deiner Güte Willen,
Laß' Deines Namens Ruhm die ganze Welt erfüllen.
Was sollen ferner noch die Heiden höhnend fragen:
„Wer weiß den Aufenthalt von ihrem Gott zu sagen?"
Ja wahrlich! unser Gott erfüllt die Himmelsweiten,
Und Alles, was geschieht, kann nur sein Wille leiten.
Doch Silber ist's und Gold, und Werk von Menschenhänden
Nur eitle Bilder sind's, wohin ihr Herz sie wenden.
Die haben ein Mund und müssen ewig schweigen,
Und ihrem Auge ist die Nacht der Blindheit eigen,
Und ihren Ohren kann sich nie der Laut verkünden,
Auch ihre Nase hat vom Dufte kein Empfinden,
Sie haben Hände wohl, sie taugen nicht zum Fassen,
Und ihre Kehle hat noch nie ein Ton verlassen
Und wie sie selber sind, sind die, die sie erbauen:
Die Thoren, die dem Werk der eignen Thorheit trauen.
Doch Israel vertraut nur auf den Herrn, den wahren,
Des' Güte, Schutz und Macht sein Volk so oft erfahren;
O, trauet fort und fort, als Priestervolk und Lehrer!
O, trauet fort und fort, ihr wahren Gottverehrer!

יְיָ זְכָרָנוּ Pfalm 115. (Fortſetzung).

Es denkt an uns der Ewige mit ſeines Segens Spenden,
Um ſie dem Hauſe Israels und Ahrons zuzuwenden;
Und alle, die in ſeiner Furcht gerecht vor ihm erſcheinen,
Sie alle, alle ſegnet Gott, die Großen und die Kleinen.
So mehre ſich ſein Segen euch, ſo ſoll er nie ſich mindern,
So wie der Herr ihn zugedacht nur ſeinen Lieblingskindern:
Daß ſeine Gnade jederzeit an euch gefunden werde.
So will es unſer Gott, der Herr des Himmels und der Erde,
Und kann ſich auch des Menſchen Kind zum Himmel nicht erheben,
Die Erde iſt ſein Eigenthum, die hat ihm Gott gegeben.
Die in des Todes Stille ruh'n, ſie können Gott nicht loben,
Von uns ſei ein „Hallelujah" zum Ewigen erhoben!

אָהַבְתִּי Pfalm 116.

Wie bin ich froh! der Herr erhört mein Flehn, das ich erhoben,
Hat gnädig mir ſein Ohr geneigt, drum will ich ſtets ihn loben.
Ergriffen mich auch immerhin die Angſt, der Tiefe Schrecken,
Und ſollten Noth und Trübſal auch nach mir die Arme ſtrecken,
Dann ruf ich aus: „O hilf, mein Gott, ſei gnädig doch mir
　　　　　　　　　　　　　　　　　　　　　　　Armen!"
Allgnädig iſt der Herr, mein Gott, iſt voll, iſt voll Erbarmen·
Die rathlos ſind, den' hilft der Herr, bis daß ſie Rettung fanden·
Ich war ſo elend! Siehe da! er hat mir beigeſtanden.
So kehr' zur Ruhe nun zurück, du Seele mein, du trübe,
Es hat der Herr dir wohlgethan in ſeiner Vaterliebe.
Du haſt vom Tode mich befreit, getrocknet meine Thränen.
Nicht darf ich fürder meinen Fuß umſtellt von Schlingen wähnen·
Ja, wandeln will ich vor dem Herrn im Lande nun des Lebens,
Und ſpräch' ich jetzt: „ich leide ſehr", ich ſpräch' es aus vergebens,
Wer glaubte es? Und als ich's ſprach, war ich vom Schein
　　　　　　　　　　　　　　　　　　　　　　　betrogen,
In Uebereilung iſt vom Trug des Menſchen Blick umzogen.

מָה אָשִׁיב Psalm 116 (Fortsetzung.)

Wie soll ich doch dem Herrn vergelten, der so viel Gutes
mir erwiesen?

Den Kelch des Heils will ich erheben, sein Name sei durch
mich gepriesen!

Vor aller Welt will ich's verkünden, wie ich gelobt, so will
ich handeln.

Bei Gott ist schwer der Tod der Frommen, die treu in seinen
Wegen wandeln.

Auch ich, Dein Knecht, o Herr, ich hatte vor Dir mich bittend
eingefunden,

Ich, Knecht, Sohn Deiner Magd, da hast Du der Fesseln
gnädig mich entbunden.

D'rum bring' ich Dir des Dankes Opfer, d'rum will ich
Deinen Namen preisen,

Und mein Gelöbniß will ich halten und vor der Welt es
laut beweisen.

Ich möchte lenken zu den Höfen des heil'gen Tempels meine
Schritte!

„Nun lobet Gott"! so möcht' ich rufen, Jerusalem, in Deiner
Mitte.

הַלְלוּ אֶת ה' Psalm 117.

Lobet Gott, ihr Völker alle, seid zu rühmen ihn bereit,
Mächtig waltet seine Gnade, seine Treu' in Ewigkeit. Hallelujah.

הוֹדוּ Psalm 118.

Danket dem Herrn, denn er ist freundlich,
Und seine Güte währet ewig!
Singe also, Israel,
Denn seine Güte währet ewig!
Singe also, Ahrons Haus,
Denn seine Güte währet ewig!
Singt, ihr Gottverehrer alle,
Denn seine Güte währet ewig!

In Angst rief ich die Gottheit an, der Gottheit Antwort
schuf mir Raum. Der Herr ist mein, ich fürchte nichts. Was
kann ein Mensch mir thun! Der Herr ist mein und steht
mir bei; ich werde Lust an Feinden schauen. Besser ist, dem
Herrn vertraun, als auf Fürsten sich verlassen Laßt alle
Heiden mich umgeben; beim Ewigen! ich vernichte sie; hier
umgeben, dort umgeben, beim Ew'gen! ich vernichte sie; wie
Bienen umschwärmen, wie Dornenflammen umlodern, beim
Ew'gen! ich vernichte sie! Wenn Alles zustürmt, mich zu
stürzen, der Ew'ge steht mir bei. Er ist mein Sieg, mein
Saitenspiel, er ward mir zum Triumph. Freudenruf, Sieges-
lied schallt in Hütten der Tugendverehrer, die Rechte des Herrn
erkämpft den Sieg. Die Rechte des Herrn, sie ist erhaben, die
Rechte des Herrn, die den Sieg erkämpft.

Nein! noch sterb' ich nicht, ich lebe, Gottes Thaten zu erzählen,
Straft er auch, so will er dennoch nicht den Tod für mich
erwählen;
Oeffnet mir der Tugend Pforte, will hineingehn, ihm zu danken,
Solch ein Gottesthor betreten, die nicht in der Tugend wanken,
Dank Dir, Herr, in Deiner Strafe ließest Du mein Heil mich
schauen,
Eckstein ist der Stein geworden, den verwarfen, die da bauen.
Solches ist vom Herrn geschehen, können wir es gleich nicht
fassen:
Diesen Tag hat Gott gegeben und zur Lust uns werden lassen.

> O Ewiger! steh' uns bei!
> O Ewiger! steh' uns bei!
> O Ewiger, beglücke!
> O Ewiger, beglücke!

     — —

Willkommen im Namen des Herrn! Wir, aus dem
Tempel des Herrn, wir segnen Euch!

Allmächtig ist der Ewige, der uns den Tag erscheinen läßt.

Mein Gott bist Du, Dir will ich danken; Du, mein Herr, Dich will ich erheben!

Danket dem Herrn, denn er ist freundlich, und seine Güte währet ewig!

Beim Herausnehmen der Thora am Passahfeste.

(Dasselbe am Wochen-, Hütten- und Schlußfeste.)

O **Ewiger! Ewiger! Barmherziger Gott! Du bist der Allgnädige, langmüthig und von unbegrenzter Huld und Treue, der seine Gnade bewahret bis in's tausendste Geschlecht, der Missethat, Abfall und Sünde vergiebt und den Uebelthäter lossspricht.**

(Dreimal.)

Herr des Weltalls! o erfülle die Wünsche meines Herzens, so sie zu meinem Heile gereichen; willfahre meinem Verlangen und erhöre meine Bitte, erhöre mich, Deine Magd, die so gering sich fühlt. O läutere mich, mit aufrichtigem Herzen Deinen Willen zu vollführen, rette mich vor den verderblichen Schlingen der unlauteren Begierde und der bösen Leidenschaft. Gieb mir und den Meinigen das Heil, das Deine heilige Lehre den Gerechten zuspricht. Läutere uns alle, damit Dein Geist auf uns ruhe. Erleuchte uns mit dem Geiste der Weisheit und der Einsicht, daß an uns die Verheißung erfüllet werde: „Und es wird auf ihm ruhen der Geist Gottes, der Geist der Weisheit und der Einsicht, der Geist des Rathes und des Muthes, der Geist der Erkenntniß und der Gottesfurcht."

O, möge es Dein Wille sein, mein Gott und meiner Väter Gott, daß ich tugendhaft werde und bleibe und immerdar dem Edlen ergeben sei, und daß ich den Weg der Redlichen vor Dir wandle.

Laß' uns alle die Heiligkeit des Wandels suchen nach Deinen Geboten, damit wir eines langen Lebens in dieser Welt und eines seligen Lebens in der Ewigkeit würdig befunden werden. Bewahre uns vor bösen Thaten und vor bösen Zeiten, die mit Ungestüm die Welt heim=suchen.

Wer auf Gott vertraut, dem ist seine Gnade nahe. Amen!

שְׁמַע יִשְׂרָאֵל יְהוָה אֱלֹהֵינוּ יְהוָה אֶחָד

טַל

Frühlingsgebet am ersten Tage des Passahfestes.

Bald ist nun der Kampf vorüber,
Und die milde Sonne siegt,
Darum ist mein Herz so fröhlich,
Meine Seele so vergnügt.
Nach dem Frühling war mein Sehnen,
O, nun ist es bald erfüllt!
Süße Lust der Frühlingsahnung
Zieht in's Herz mir warm und mild.

Bald ist nun der Kampf vorüber,
Und es bricht des Winters Macht!
Schon gewichen sind die Stürme,
Kürzer wird die kalte Nacht!
Nicht mehr strömen rauh hernieder
Feuchte Flocken sonder Zahl,
Durch der Wolken graue Decke
Bricht hervor der lichte Strahl!

Ach, es waren schlimme Tage!
Böse war die Winterzeit!
O, wir suchten scheu und schüchtern
Schützend Dach und warmes Kleid.
Ach, und wem der Güter Fülle
Nicht die schwache Hilfe bot,
Zehnfach bitter mußt' er fühlen
Wintershärte, Wintersnoth.

Nun, Gott Lob! es ist vorüber!
Und es kündet seine Spur
Tausendfach der holde Frühling
Freundlich an in Feld und Flur!
Droben nur noch trübe Schatten
Einzeln schnell vorüberflieh'n,
Und auf Erden keimt und sprosset
Lächelnd auf ein junges Grün.

Abgestreift von meinem Geiste
Wird der Fessel letzter Rest,
Jubelnd feiert meine Seele
Heute ein Befreiungsfest.

Neuer Muth und neues Leben
Sind im Busen mir erwacht!
So ist's Israel gewesen
Nach Aegyptens Winternacht.

O, es faßten die Befreiten
Der Befreiung Wonne kaum,
Also ist ein süß' Erwachen
Nach dem bösen, langen Traum!
Darum eil' ich, Dich zu preisen,
Vater, vor Dein Angesicht!
Du verließest uns, die Deinen,
Auch in trüben Tagen nicht.

Wirst auch ferner uns bewahren,
Wirst uns stets ein Hüter sein!
Bringst den Frühling und den Sommer
Uns zum Segen und Gedeih'n!
Du wirst Thau und Regen spenden
Zu der Erde Fruchtbarkeit
Auch in diesem Jahre wieder,
Immerdar zur rechten Zeit.

Ja, wir wissen, daß der Vater
Alle seine Kinder liebt,
Daß er nimmermehr ihr Leben
Dem Verderben übergiebt.
Wir, wir können es nicht schaffen,
Doch wir können Dir vertrau'n,
Können auch in diesem Jahre
Hoffend auf den Sommer schau'n.

Du, o Herr! befiehlſt den Wolken
Durch Dein göttlich Allmachtswort!
Daß ſie kommen, daß ſie gehen,
Uns zum Segen fort und fort,
Daß die Sonne ſie verhüllen,
Wenn ihr Strahl uns wird zur Gluth,
Daß ſie ſchwinden, wenn zu lange
Niederſtrömt des Regens Fluth.

Du, o Herr! befiehlſt dem Strome,
Daß er bleibt in ſeinem Gleis!
Du, Du biſt es, der dem Blitze
Seinen Weg zu zeigen weiß!
Du, Du biſt es, der im Thaue
Himmelsgnade niederſenkt;
Der auf reiche Segensbahnen
Wunderbar die Winde lenkt!

Darum zieht die Frühlingsahnung
Mir in's Herz ſo warm und mild,
Und mein Hoffen und mein Sehnen
Iſt nun bald ſo ſüß geſtillt.
Bald iſt nun der Kampf vorüber
Und die milde Sonne ſiegt,
Darum iſt mein Herz ſo fröhlich,
Meine Seele ſo vergnügt.

2. Das Wochenfest.

שָׁבוּעוֹת.

Festbetrachtung am Wochenfeste.

Herr und Vater! Wir stehen heute vor einer Erinnerung, die alle anderen Erinnerungen überstrahlt. Du hast uns erleben lassen den Tag der Heiligkeit und Weihe, der uns mahnet an jene Gnadenzeit, da Du unsern Vätern Dein Wesen und Deinen Willen hast offenbart. Giebt es ein Dankeswort, das innig genug wäre, um an die Größe des Geschenkes, mit dem Du uns damals begnadigt hast, heranzureichen? Du hast wahnbethörte, in den wüsten Vorstellungen des Heiden= thums befangene Menschen erhoben und emporgetragen zu Dir, Du hast das blöde Auge derer, die bis dahin das Geschöpf mit dem Schöpfer verwechselt, erleuchtet, daß sie Dich erkannt, Du hast das Leben der Menschen das bis dahin ein Frohndienst und ein Sklavendienst war, umgestaltet in ein durch Deinen Dienst und Deine Verehrung geweihtes und geheiligtes Menschen=

dasein: „Ewiger, Du kamst ihnen vom Sinai,
gingst ihnen auf von Seïr, strahltest vom
Berge Paran und zogst einher auf Myriaden
des Heiligthums, in Deiner Rechten Feuer
des Gesetzes." Von allen Gnadengaben, die Du
Israel gewährt, welche kann sich messen mit der, die
wir heute dankend und preisend verherrlichen? Heilige
Flammen, die auf Sinai loderten, wie seid ihr zum
Weltlicht geworden, leuchtender, wärmender, als die
irdischen Strahlen des majestätischen Sonnenballes!
Heilige Stimmen, die das Herz unserer Väter erschüt=
terten, wie seid ihr zur Weltpredigt geworden,
vernehmlicher, eindringlicher, als der eherne Laut, der
die Lüfte erschüttert! Da stehen wir, o Herr, vor Dir,
nach mehr als drei Jahrtausenden, und das Tiefste, was
wir zu denken, zu fühlen und zu reden wissen, ist nur
ein Nachhall jener unter dem Schweigen der zitternden
Kreatur hervorgebrochenen Gottesstimme. „Herr, Du
sprachst ein Wort und der verkündenden
Stimmen ist eine große Zahl." Fast wissen wir
nicht, wie wir diesen Tag angemessen begehen, fast
versagt uns die Rede, um ein so Großes, so Unver=
gängliches zu feiern, fast ist hier der wahre und geeignete
Lobgesang das Schweigen, das Schweigen der Bewun=
derung und des Dankes. Aber, o Herr, wenn wir auch
vergebens versuchen, von Deiner Gottesthat zu reden in
Worten, die dieser That entsprechen, so wirst Du doch
wohlgefällig hinnehmen die Vorsätze und Entschlüsse,
die wir vor Dir aussprechen an diesem Tage hoch=
heiliger Erinnerung. Wir wissen, o Herr, daß Dein

Wort nur eine Saat ist, die erst durch unsere Wirkung emporkeimen kann zur Blüthe und Frucht. Wir wissen, daß Deine Lehre nur ein Segen für die ist, die sich bestreben, sie zu verstehen und in ihrem Geiste und Sinne zu leben. Wir wissen, daß die Gnadenthat, die von Dir ausging, als Du die Wahrheit kündetest dem staunenden Menschenohr, erst dann eine Gnade für uns ist, wenn wir Bereitwilligkeit und Freudigkeit entgegen= bringen, zu hören auf Dein Wort und zu thun nach Deinem Befehl. So wollen wir denn heute, wo das Andenken an Deine Gnade lebendiger als sonst in uns ist, den Vorsatz fassen, immer mehr zu hören auf Deine Stimme, sie uns deuten zu lassen von denen, die auf= richtig forschen in Deinem Worte, sie nicht zu über= täuben durch die Stimme der Weltlust und der Begehr= lichkeit, sie anzusehen als Leuchte für unsern Fuß und als Licht für unseren Pfad. Und Du, o Herr, der Du angefangen hast, uns Deine Güte zu zeigen, mögest es vollenden. Gieb uns Kraft, bei unsern Vorsätzen zu bleiben, segne uns mit dem vollen Segen dieses Festes, laß' an uns in Erfüllung gehen die schöne Verheißung. daß der Geist, der auf uns ruht, und das Wort, das Du auf unsere Lippen gelegt, nicht schwinden soll von uns und unsern Kindern und Kindeskindern. .   Amen.

Gebet am Vorabende des Wochenfestes.

Allgütiger! Das liebliche Fest der Erstlingsfrüchte
begrüßt uns wieder mit dem zauberischen Lächeln seines
holden Angesichts. Da wird auch unser Angesicht heiter,
unser Herz fröhlich, und das Wort des Gebetes wird
auf unseren Lippen zum heiteren Jubelton innerer
Fröhlichkeit. Was kann das Herz des Menschen mehr
entzücken als der Anblick der Natur, die da pranget in
ihrer ganzen Herrlichkeit! Das ist eine Freude, die
höher steht, als alle anderen Freuden, die gemeinsamer
Antheil der Menschen sind, denn sie ist unvergänglich,
wenn auch dem Wechsel unterworfen; im Hinschwinden
dieser Schönheit liegt schon die Gewißheit des Wieder=
entstehens. Und wenn sie eingetreten ist, diese Verjüngung,
so hat sie Nichts von ihrer Anmuth verloren, Nichts
von ihrer Kraft eingebüßt, keines ihrer Wunder ist
geringer geworden. Der aus Deinem Munde wieder
gerufene Frühling ist derselbe heitere Garten Gottes,
der in den Tagen meiner Kindheit meine jugendliche
Seele ergötzte, der, immer wiederkehrend, Jahr aus Jahr
ein mir seine Freuden zum Genusse bot, und der mit
süßem Schmeichelton noch in der Brust des Greises
und der Greisin die sanfte Empfindung inniger Lebens=
freude erweckt und das Bekenntniß hervorruft: Freue,
Mensch, dich deiner Erde, freue, Mensch, dich ihres
Schöpfers! Wie ist sein Werk so schön!

Nicht wir Menschen allein sind es, die nunmehr
ein Fest zu Deinem Preise feiern, Allgütiger. Die
ganze Natur hat festlich sich geschmückt, auch sie stimmt

ein in unsern Jubel; der heitere Morgen, der freundliche
Abend, das junge Grün des Waldes, die Fröhlichkeit
der Thiere auf Erden, alles! alles preiset Gott, alles
spricht vernehmlich: Hallelujah! Gott ist die Liebe,
Hallelujah!

Wie aber? Ist es denn des Menschen würdig,
nicht mehr zu wollen, nicht mehr zu bedürfen, als
alle Dinge ringsumher? Unterscheidet sich mein
Frühlingsfest nicht von dem Frühlingsfeste der Natur?
Reicht es hin zu meiner Befriedigung, wenn in der
Schönheit der Erde meine Sinne ihr Genüge finden?

O nein, mein Gott, ich feiere heute noch ein
anderes, noch ein höheres Fest der Erstlingsfrüchte!

Einst lag ein harter, starrer Winter auf den
Ahnen meines Volkes, auf dem Volke, das Du um
ihrer frommen Väter willen bestimmt hattest, die
Verkündiger des Frühlings zu werden, der dem
Menschengeschlecht anbrechen sollte in der Welt des
Geistes. Da hast Du, Allmächtiger, mit starker Hand
die Eisdecke der Sklaverei gespalten, da hast Du die
Deinen erweckt aus dem Winterschlaf geistiger Finsterniß,
da hast Du unter ihnen in Deiner wunderbaren
Erlösung die Saat ausgestreut, aus der das Heil der
ganzen Menschheit für alle Geschlechter auf Erden
erblühen sollte, und als am Sinai Dein Donnerwetter
ertönte, da war das herrliche, unvergängliche, menschen-
beglückende Gesetz die Erstlingsfrucht des anbrechenden Frühlings.

Ja, das ist das Fest, das ich feiere, daß ich Deiner
Liebe mich freue, die sich offenbaret in der Körperwelt,

und daß ich Deiner Liebe mich freue, die sich offenbart
in Deiner heiligen Lehre.

Und daß ich einzudringen versuche in die Weisheit
Deiner heiligen Gebote vom Sinai, daß ich betrachte,
wie sie auch mir zum Heile und zur Glückseligkeit
gegeben sind, das sei die Aufgabe, die am morgenden
Tage des Festes mich beschäftigen soll!

Allgütiger, Deine Liebe ist mein Glück, Deine
Zufriedenheit mein Streben. Amen!

Gebet am Wochenfeste.
(Vorher Nischmath Seite 17.)

Urquell aller Weisheit! Du, mein Gott, der Du
die Menschen beglückt hast durch Deine heilige Lehre,
Dir will auch ich danken, daß ich dieser Lehre theilhaftig
bin. Darum sei heut, am Feste der Gesetzgebung
meine Andachtsübung, daß ich mich beschäftige mit den
Geboten, die Du am Sinai verkündigt, die Du ausgesprochen hast unter dem Schalle der mächtigen Posaune,
die erweckend forttönt für jedes willige Menschenohr bis
zu den spätesten Geschlechtern.

Du wolltest es, o Herr, daß die Menschen nicht
ferner in der Finsterniß wandeln, daß das Licht der
Wahrheit sie erleuchte und ihnen den Blick eröffne weit
über die Zeitlichkeit hinaus. Du wolltest sie lehren,
daß nichts von Allem, was entsteht und vergeht, ein

4

würdiges Ziel ihrer Anbetung sei und Du sprachst es aus: „Ich der Ewige, bin dein Gott!"

Du wolltest, daß die Menschen nicht bangen und zagen, sich dem Erhabensten zu nahen, daß sie nicht glauben sollen: der Allmächtige ist zu groß für mich, zu erhaben für meine Verehrung; zwischen ihm und mir liegen Millionen Dinge, die Macht über mich haben und über mein Bestehen; all die Kräfte der Natur, all die wunderbaren Erscheinungen am Himmel und auf Erden, warum sollte ich sie nicht anbeten? oder daß sie sprechen: der Erhabene, der Unkörperliche ist unfaßbar für mich, ich will ihn mir darstellen im Bilde, und Du sprachst es aus: „Du sollst keine andern Götter haben vor meinem Angesichte!"

Du wolltest, daß die Menschen, trotz der Gewißheit, daß Du ihnen nahe bist und nahe sein willst, und es keinen Vermittler giebt zwischen Dir und ihnen, sich dennoch mit allen Kräften ihrer Seele zu Dir erheben, und nicht Deinen heiligen Namen aussprechen, als hätte Deine Herrlichkeit sich herabgelassen zu ihrer Niedrigkeit, und Du sprachst es aus: „Du sollst den Namen des Herrn, deines Gottes nicht ver= geblich führen!"

Du wolltest, daß die Menschen Dich verehren als den Schöpfer der Welt, der durch sein Schöpfungswort sie aus dem Nichts hervorgerufen, der noch fort und fort in Ewigkeit sie regiert und leitet, Du wolltest, daß diesem Gedanken ein Tag geweiht sei, der an die Vollendung Deines Schöpfungswerkes sie erinnere, und der sie mahne, daß Du es bist, der für sie sorgt und nicht ihrer Hände Werk, und Du sprachst es aus: „Gedenk des Sabbathtages, daß du ihn heiligest!"

Du wolltest, daß die Liebe herrsche unter den Menschen, und Du pflanztest sie ein- in ihr Herz, daß sie die Grundlage sei menschlicher Güte und menschlicher Tugend, und Du wolltest, daß der Mensch ihr Dasein und ihre Macht nimmer verleugne, darum schufst Du auf Erden ein sichtbares Abbild Deiner eigenen Liebe in den Herzen der Eltern, und Du sprachst es aus: „Ehre deinen Vater und deine Mutter!"

Du wolltest, daß der Frieden herrsche unter den Menschen, daß der Eine seine Kraft nicht mißbrauche, dem Andern zu schaden an seinem Leibe und an seinem Wohlsein, daß der Starke nicht Herr sei des Schwachen, der Mächtige nicht vernichte den Machtlosen, und Du sprachst es aus: „Du sollst nicht morden!"

Du wolltest, daß die Unschuld herrsche unter den Menschen, daß Sitte und Selbstbeherrschung sie veredle, daß das Band der Liebe und Treue die Menschen zu Familien eine, und die Familie zum Vorbild diene für die Vereinigung aller Menschen unter einander, und Du sprachst es aus: „Du sollst nicht ehebrechen."

Du wolltest, daß Redlichkeit und Vertrauen herrsche unter den Menschen, daß nicht der Eine rechtlos genieße, was der Andere erworben, daß nicht Bosheit und List sich bereichere und der Fleiß und die Rechtschaffenheit darbe, daß nicht die Gewalt siege über die

Gerechtigkeit, und Du sprachst es aus: „Du sollst
nicht stehlen!"

Du wolltest, daß die Lüge verbannt sei und
verachtet unter den Menschen, daß der Tückische nicht
schände den Namen des Unschuldigen, die Gerechtigkeit
nicht verhüllt werde von dem Gewebe des Truges,
der Gerechte sicher sei vor der Verläumbung des
Lasterhaften, und Du sprachst es aus: „Du sollst
nicht falsches Zeugniß aussagen wider deinen
Nebenmenschen!"

Und Du wolltest, daß der Mensch sorgsam achte
auf sich selber, daß er selbst der Wächter seiner Tugend
sei, daß die bösen Leidenschaften nicht über ihn Herr
werden, daß er nicht der Genußsucht und der Habgier
zur Beute werde, sondern sein Antheil in Zufriedenheit
genieße und nach seinen Kräften Gutes wirke, und Du
sprachst es aus: „Du sollst nicht begehren, was
deinem Nächsten gehört!"

Das sind Deine heiligen Gebote, o Herr! Sei
mir gnädig und gieb mir Kraft und Willen, sie zu üben
in allen Tagen meines Lebens. Amen!

Die Hallel-Psalmen.
(Seite 34.)

Gebet beim Herausnehmen der Thora.
(Seite 39.)

Die Gesetzgebung am Sinai.

(2. Buch Mose, Cap. 19 u. 20.)

[Vorlesung aus der Thora am ersten Tage des Wochenfestes.]

Im dritten Monate nach dem Auszuge der Kinder Israel aus dem Lande Aegypten, an eben diesem Tage kamen sie in die Wüste Sinai. Sie zogen von Rephidim und kamen in die Wüste Sinai und lagerten in der Wüste; also lagerte Israel daselbst dem Berge gegenüber. Und Mose stieg hinauf zu Gott, und es rief ihn der Herr vom Berge, sprechend: so sollst du sprechen zum Hause Jakobs und verkünden den Kindern Israels: „Ihr habt gesehen, was ich den Aegyptern gethan habe, und wie ich euch auf Adlersflügeln getragen, und wie ich euch zu mir gebracht habe. Und nun, wenn ihr meiner Stimme gehorchen und meinen Bund hüten wollt, dann sollt ihr mir ein auserlesenes Volk von allen Völkern sein, denn mein ist die ganze Erde. Und ihr sollt mir sein ein Reich von Priestern und eine heilige Gemeinde. Dieses sind die Worte, welche du zu den Kindern Israels reden sollst." Und Mose kam und rief die Aeltesten des Volkes und legte ihnen alle diese Worte vor, welche der Herr ihm geboten hatte. Da antwortete das ganze Volk einstimmig und sie sprachen: „Alles, was der Herr geredet hat, wollen wir thun." Und Mose brachte die Worte des Volkes vor den Ewigen zurück. Und der Ewige sprach zu Mose: Siehe ich komme zu dir in einem dichten Gewölke, damit das Volk es höre, wenn ich mit dir rede, daß sie auch dir glauben immerdar. Und es verkündete Mose die Worte des Volkes dem Ewigen. Und der Ewige sprach zu Mose: „Gehe zum Volke, und sie mögen sich heilig halten heute und morgen, und ihre Kleider sollen sie waschen. Und sie sollen bereit sein für den dritten Tag, denn am dritten Tag wird der Herr sich herab-lassen vor den Augen des ganzen Volkes auf den Berg

Sinai. Du aber sollst das Volk ringsumher abgrenzen sprechend: Hütet euch, den Berg zu besteigen, oder sein Ende zu berühren; wer den Berg anrührt, soll des Todes sein.

Keine Hand soll ihn berühren, er soll gesteinigt oder erschossen werden, es sei Thier oder Mensch, es soll nicht leben; wenn aber das Horn lang ertönt, dann können sie den Berg besteigen Und Mose stieg hinab vom Berge und heiligte das Volk und sie wuschen ihre Kleider. Und er sprach zum Volke: seid bereit auf den dritten Tag, es nahe keiner einem Weibe. Und es war am dritten Tage, als es Morgen wurde, da waren Donner und Blitze und eine schwere Wolke auf dem Berge und auch die Stimme einer sehr mächtigen Posaune, und es zitterte alles Volk, welches im Lager war. Und es führte Mose das Volk dem Herrn entgegen vom Lager und sie stellten sich hin unten am Berge. Und der Berg Sinai rauchte ganz und gar, weil der Herr sich auf ihn herabgelassen hatte im Feuer, und der Rauch stieg von ihm auf, wie der Rauch eines Ofens, und der ganze Berg bebte sehr. Und die Stimme der Posaune hielt an und verstärkte sich mächtig, Mose redete, und Gott antwortete ihm im Donner. Und es ließ sich nieder der Herr auf den Berg Sinai, auf die Spitze des Berges, und der Herr rief Mose auf die Spitze des Berges, und Mose stieg hinauf. Und der Herr sprach zu Mose: steige hinab und warne das Volk, daß sie nicht hinzudrängen zum Herrn, um zu schauen, es könnten sonst viele von ihnen fallen. Auch die Priester, die da hin= treten zum Herrn, sollen sich heilig halten, daß der Herr nicht einbreche unter sie. Da sprach Mose zum Herrn: Das Volk kann den Berg Sinai nicht besteigen, denn Du hast uns ge= warnt, sprechend: umzäune den Berg und heilige ihn. Da sprach der Herr zu ihm: gehe hinab und steige hinauf, du und Aharon mit dir; aber die Priester und das Volk sollen nicht hinzudrängen, hinaufzusteigen zum Herrn, daß er nicht unter sie einbreche. Da stieg Mose hinab zum Volke und sagte es ihnen.

Und Gott redete alle diese Worte, sprechend:

„Ich bin der Ewige, dein Gott, der ich dich herausgeführt habe aus dem Lande Aegypten, aus dem Haufe der Knechtschaft.

Du sollst keine andern Götter haben vor meinem Angesicht. Du sollst dir kein Bild machen und keinerlei Gestalt weder von dem, was im Himmel oben, auf der Erde unten oder im Wasser unter der Erde ift. Bete sie nicht an und biene ihnen nicht; denn ich, der Herr, dein Gott, bin ein eifervoller Gott, der da ahndet die Schuld der Väter an den Kindern bis ins dritte und vierte Geschlecht bei denen, die mich hassen, der aber Gnade erweiset bis ins tausendste Geschlecht denen, die mich lieben und meine Gebote halten.

Du sollst den Namen des Herrn, deines Gottes, nicht vergeblich führen, denn der Herr wird den nicht ungestraft lassen, der seinen Namen vergeblich führt.

Gedenke des Sabbathtages, daß du ihn heiligest. Sechs Tage sollst Du arbeiten und alle deine Geschäfte verrichten der siebente Tag aber ist ein Ruhetag für den Herrn, deinen, Gott. Da sollst du kein Werk thun, weder Du, noch dein Sohn, deine Tochter, dein Knecht, deine Magd, dein Vieh und dein Fremdling, der in deinen Thoren ist; denn in sechs Tagen hat der Herr den Himmel und die Erde geschaffen, das Meer und alles was darin ist, und am siebenten Tage hat er geruht; darum segnete der Herr den Sabbathtag und heiligte ihn.

Ehre deinen Vater und deine Mutter, auf daß deine Tage lang werden auf der Erde, welche der Herr, dein Gott bir giebt.

Du sollst nicht morden.

Du sollst nicht ehebrechen.

Du sollst nicht stehlen.

Du sollst nicht falsches Zeugniß aussagen wider deinen Nächsten

Du sollst nicht begehren deines Nächsten Haus. Du sollst nicht begehren deines Nächsten Weib, seinen Knecht,

seine Magd, seinen Ochsen, seinen Esel und alles, was deinem
Nächsten gehört."

Und alles Volk nahm den Donner und die Flammen
wahr und die Stimme der Posaune und den rauchenden Berg
und es bebte und stellte sich von ferne. Und sie sprachen zu
Mose: „Rede du mit uns, so wollen wir hören, möge nicht
Gott mit uns reden, wir müssen sonst sterben". Da sprach
Mose zum Volke: „Fürchtet euch nicht, denn um euch zu prüfen,
ist Gott gekommen, und damit seine Ehrfurcht auf eurem
Angesicht sein soll, damit ihr nicht sündiget". Und das Volk
stellte sich von ferne, und Mose trat in das dichte Gewölk,
woselbst Gott war.

Und der Herr sprach zu Mose: So sollst du sprechen zu
den Kindern Israel: ihr habt gesehen, daß ich vom Himmel
mit euch geredet habe. Ihr sollt nicht neben mir machen silberne
Götter, und goldene Götter sollt ihr euch nicht machen. Einen
Altar von Erde sollst du mir machen und darauf opfern deine
Ganzopfer, deine Freudenopfer, dein Kleinvieh und dein Rind-
vieh; an jedem Orte, wo ich meinen Namen preisen höre,
werde ich zu dir kommen und dich segnen. Und wenn du
einen Altar von Steinen mir errichten willst, so sollst du ihn
nicht aufbauen von gehauenen Steinen, denn wenn du dein
Eisen über sie geschwungen, so hast du sie entweiht. Du
sollst auch nicht auf Stufen hinaufsteigen zu meinem Altar,
daß deine Blöße auf ihm nicht offenbar werde.

III. Das Hüttenfest.

סֻכּוֹת

Festbetrachtung am Hüttenfeste.

———

Herr und Vater! Wenn wir jemals fühlen, wie sehr die Lehre, die Du uns gegeben, zu unserer Beseligung und Beglückung uns verliehen worden, so ist es an dem Tage, den Du selbst mit der Bestimmung eingesetzt, daß wir uns an ihm freuen sollen ob der Gaben, mit denen Du das Leben so reich geschmückt hast, so ist es an dem Feste, das den Namen Freudenfest führt. Ernsten Inhalts waren die verlebten Tage, Tage der Buße und der Reue, Tage der Versöhnung mit Dir, der Du gern vergiebst Allen, die reumüthig sich Dir nahen. Dafür ist auch jetzt unser Inneres beruhigt, dafür sind auch jetzt die Pforten unseres Herzens geöffnet, daß durch sie einziehe festliche Stimmung und festliche Erhebung. Wir gedenken heute, o Herr, voll Dankes der Gaben und Segnungen, die Du auf Felder und Fluren gestreut hast, die Du zur Nahrung

verliehen den auf Dich harrenden Geschöpfen. Wir
blicken auf den Feststrauß hin, der uns durch die
Verschiedenheit der in ihm vereinigten Pflanzenarten an
die Fülle und Mannigfaltigkeit dessen mahnt, was Du
geschaffen hast, damit der Mensch sich sein freue und es
genieße. Wohl giebt es keinen Tag im Jahre, an dem
wir Deine Gaben nicht genießen, an dem wir nicht
verpflichtet wären, dankend zu Dir aufzublicken. Aber
an gewöhnlichen Tagen, da hindert oft der Genuß selbst
des Gebers zu gedenken, da nehmen wir den Segen
hin, ohne uns dessen zu erinnern, von dem der Segen
kommt. Heute aber, an dem Herbstfeste, mahnt uns
das Symbol, das Du uns vorgeschrieben hast, an Deine
Vatergüte, die in jedem Sonnenstrahl herniederleuchtet
und in jedem Regentropfen herniederfällt, damit sich
labe und ernähre alles, was da lebt, durch Deinen
Lebenshauch.

Aber auch eine erhebende geschichtliche Erinnerung
weckt in uns dieser Tag. Wir gedenken der Zeiten,
da unsere Väter durch die Wüste wanderten, preis=
gegeben allen Fährlichkeiten und aller Noth des Wüsten=
lebens, zu Dir aufschauend nach Nahrung, zu Dir
aufschauend nach Schutz vor Wind und Wetter. Da
wölbte Deine Gnade sich als Dach über ihrem Haupte,
da schenktest Du das Manna zum Zeichen und zum
Zeugniß, „daß nicht vom Brote allein lebt
der Mensch, sondern von allem, was aus dem
Mund des Ewigen geht, lebt der Mensch.“
O, so laß' uns immer Deine Gnade erkennen! Gieb,
daß wir inne werden, wie Du allein es bist, zu Dem

wir aufzublicken haben, wenn Sorge uns das Herz
verdüstert, oder wenn des Glückes Sonne uns leuchtet
und erfreut. Lass' uns durch die Erinnerung unseres
Festes auf Dich trauen und bauen in allen Lagen des
Lebens. Du hast Nahrung gespendet der Gemeinde
Israels, wo jeder Nahrungsquell versiegt schien, Du
hast Stein und Fels in Wasserbäche verwandelt, daß
sie tränkten die von Dir Geleiteten. Du hast Israel
geschützt da, wo das Menschenherz gegen sie sich verhärtete
wie Stein und Fels, wo Wüstenwanderung ihnen
bereitet wurde um ihres Glaubens willen. Müssen
wir da nicht auf Dich vertrauen? Dürfen wir da
jemals den Muth verlieren, wenn unsere Verhältnisse
nicht die erwünschte Gestaltung annehmen, wenn
Prüfungen uns heimsuchen, wenn unsere Wünsche
unbefriedigt und unsere Hoffnungen unerfüllt bleiben?
Auf Dich hoffen, lehre unser Fest, Deiner Gnade zu
gedenken, Deines Segens zu harren, Deiner Fügungen
uns zu getrösten, Deiner Führung zu vertrauen. Dann
wirst Du auch uns schauen lassen, wie unsere Väter
in der Wüste, die Hülfe Deines Armes, der nicht zu
kurz, um zu helfen, in jeder Stunde und in jeder
Lage. Amen!

Gebet am Vorabend des Hüttenfestes.

Herr der Welt, ewig gütiger Wohlthäter der
Menschen! In Deiner Liebe hast Du uns, den Kindern
Deines treuen Volkes, das Hüttenfest eingesetzt, auf

daß wir uns freuen sollen vor dem Herrn,
unserem Gotte. Und also heißt es in Deiner
heiligen Lehre: „Am fünfzehnten Tage des
siebenten Monats, wenn ihr eingesammelt habt
die Früchte der Erde, da sollt ihr ein Fest
feiern dem Ewigen, sieben Tage." Da sollen
wir anerkennen mit freudigem Danke, daß Du, Herr,
wiederum unsere Speicher gefüllt hast mit dem Ertrage
der Felder.

Ach, wie so ganz stimmt dieses Gebot mit dem
innigsten Bedürfniß unseres Herzens überein! In
wessen Seele könnte das Gefühl des Dankes und der
Freude unerweckt bleiben bei dem Beginn des Herbstes,
wenn der Gedanke sich auf die Größe Deiner Gnade
richtet, die sich offenbaret in der Fülle Deiner Gaben,
mit der Du in dem nun schon hinschwindenden Sommer
unsere Felder gesegnet hast, auf daß wir getrosten Muthes
auf die Zeit hinblicken, da nicht Saat und Ernte sein
wird.

Bedarf es denn aber eines besonderen Festes,
einer absichtlich erregten Stimmung, um uns diesen
Dank und diese Freude lebhafter empfinden zu lassen?
Erinnert nicht jedes Brot, das wir genießen, das auch
im Winter uns nicht fehlt, daran, daß Du, o Herr,
der Spender aller Gaben bist, die uns Nahrung und
Erquickung gewähren?

Freilich wohl bedarf es eines Festes; und auch
hierin, daß Du es uns eingesetzt, giebt sich Deine Liebe
kund. Nur allzuweit entfernen die verschiedensten Lebens=
wege, die verschiedensten Beschäftigungen mit all ihren

Gedanken und Sorgen von dem süßesten, reinsten Genuß
auf Erden, der Freude und der Erbauung an den
Vorgängen in der Natur. Nicht wir alle pflügen den
Boden und ernten die Frucht der Saaten. Der Reiche
labt sich am gesegneten Tische, doch seine Hand hat
keine Furche in die Erde gezogen. Der Arbeiter wendet
sich von seiner Werkstatt zum Mahle, aber der Schweiß
seines Angesichts galt nicht dem Acker, aus dem sein
Brot hervorgegangen ist; und auch derjenige, der den Boden
des Geistes fruchtbar macht im Reiche der Gedanken, er
ißt das Brot des Feldes, dem er die Frucht nicht entlockt
hat durch die Arbeit seiner Hand. Da betrachten wir
bald in unserer Alltäglichkeit das uns so Naheliegende
theilnahmslos als ein Fernes, und mit der unmittelbaren
Beschäftigung mit der Erzeugungskraft der Erde geht
uns die Freude verloren an ihrer Fruchtbarkeit und
Schönheit.

Da ruft uns denn das frohe Erntefest herbei von
allen Grenzen unseres Berufes und spricht zu uns:
Kehret zurück, ihr Kinder der Erde! Seht, der liebende
Vater hat wieder für euch gesorgt, und wenn auch das
Laub herabrieselt von den Bäumen, ihre Früchte sind
für euch aufbewahrt; und wenn die Decke des Winters
auch die Oberfläche umhüllt, euch verschließt sie den
Quell der Ernährung nicht, drum kommet herbei: und
freuet euch vor dem Herrn, eurem Gotte

Also danken wir Dir für Deinen Segen und für
dies Fest, und erkennen frohen Herzens, daß Du es bist,
der jeder redlichen Aussaat ihre Ernte, jeder rechtschaffenen
Thätigkeit ihren Lohn giebt.

Und auch, wer den Frühling seines Lebens benutzt
hat als eine Zeit der Aussaat und den Sommer seines
Lebens als eine Zeit der Arbeit, der sammelt im Herbste
seine Früchte und darf den Winter seines Erdenwandels
nicht fürchten.

O laß' mich, Herr, immer stark und fest sein in
dieser Erkenntniß, daß auch das Vertrauen auf Dich
als Festesfreude das Hütten- und Erntefest mir verherrliche. Amen!

Gebet am Hüttenfeste.

(Vorher Nischmath Seite 17)

Du, Herr der Welt, der Du in Deiner heiligen
Lehre uns geboten hast, das Erntefest zu feiern sieben
Tage und an demselben den Feststrauß zu binden aus
Palmen und Myrthen und Bachweiden und sie zu
vereinigen mit der Frucht des herrlichen Baumes, auf daß
wir mit diesem Strauße uns freuen vor dem Herrn,
unserem Gotte, Du hast auch bestimmt, daß dies Ernte-
und Freudenfest gleichzeitig ein Erinnerungsfest für uns
sei, damit, wie Du es ausgesprochen hast, „die
spätesten Geschlechter es wissen, daß ich in
Hütten die Kinder Israels habe wohnen lassen,
als ich sie herausführte aus Aegypten, denn ich
bin der Ewige, euer Gott.“

Und diese Bedeutung des Festes, diese Erinnerung
an jene geschichtliche Thatsache, ist die schönste Ergänzung

zur Feier des Erntefeftes. Wir haben Deine Vatergüte
erkannt in den Gaben, die auf Dein Geheiß die Natur
uns hervorbringt, und nun follen wir auch deffen inne
werden, daß Du felber über die Natur erhaben bift,
daß ihre Gefetze von Dir ausgehen, Du aber felber
ihnen nicht unterworfen bift.

Der Winter naht heran, und wir fürchten nicht,
denn wir haben Vorrath eingefammelt für die unfrucht=
bare Zeit und fchützen uns in feften Häufern vor den
Stürmen der rauhen Jahreszeit. Anders war es bei
unferen Vätern in der Zeit ihrer Wanderung durch
die Wüfte. Da war nicht Saat und Ernte und felten
genug ein Quell frifchen Waffers; aber die
Wanderer in der Wüfte haben nicht Mangel gelitten,
Du haft fie gefpeift mit dem Brote des Himmels, Du
fchufft das Manna zu ihrer Nahrung, und ftillteft
ihren Hunger vierzig Jahre, und der Fels verwandelte
fich auf Dein Wort zum lebendigen Wafferquell.

Und fie hatten kein feftes Haus, keine fichere
Wohnung, weil fie keine Heimath hatten; aber die
Hütten, die fie fich bauten in der Wüfte, waren
ein hinreichender Schutz für fie, denn mehr als die Hütte
fchützte fie Dein allmächtiger Wille.

Und als denjenigen, deffen Wille mächtiger ift
als alle Gefetze und Kräfte der Natur, follen auch alle
fpäteren Gefchlechter Dich verehren, und als denjenigen,
deffen Schutz allein uns, den Menfchen, Bürgfchaft fein
kann für ihr Beftehen auf Erden.

O, wir wären thöricht, wollten nicht auch wir das
erkennen. Unfer ganzes Leben auf Erden ift eine

Wanderung durch die Wüste. Die Kräfte der Natur sind nur zum Theil für uns, zum Theil sind sie auch gegen uns. Von tausend und aber'tausend Gefahren sind wir bedroht; Du aber, o Herr, schützest uns, und Deine Fügungen für unser Heil sind nicht minder wunderbar, als Deine Thaten für unsere Väter.

Ja, unser Leib selber ist nur eine zerbrechliche Hütte, die jedes Unwetter und jeder böse Zufall vernichten kann, so Du nicht mit Deiner Liebe' ein schützendes Zelt über uns ausbreitest.

Du aber hast es ausgesprochen: In Hütten sollt ihr wohnen, wie Eure Väter in Hütten gewohnt haben, und trotzdem nicht fürchten: denn „ich, der Ewige, bin ja euer Gott!"

So ist es gewesen bis heutigen Tages. Auch das Leben unseres Volkes war eine Wanderung durch die Zeiten, durch die Jahrtausende, durch die traurige Wüste, aber Deine Hand hat uns bewahrt vor dem Untergange, und endlich führtest Du uns dennoch in das gelobte Land, in das Reich auf Erden, in dem alle Menschen, als Brüder vereint, Dich anbeten und den Namen des Einzigen preisen sollen. Amen!

Die Hallel-Psalmen.

(Seite 34.)

Gebet beim Herausheben der Thora.

(Seite 39.)

4. Das Schlußfest.

שְׁמִינִי עֲצֶרֶת

Gebet am Schlussfeste.

(Vorher Nischmath, Seite 17.)

Herr und Vater! Der Feststrauß ist aus der Hand gelegt, die Hütte ist verlassen, diese sinnbildlichen Darstellungen unserer Festgedanken sind nicht mehr verknüpft mit der Feier des heutigen Tages. Mit kurzen Worten hast Du uns unsere Aufgabe angedeutet, die für diesen Tag uns geworden: „Und am achten Tage sollt ihr feierliche Festversammlung halten, ein Schlußfest soll es euch sein."

Aber ich kenne den Sinn dieser Aufgabe; sie fordert von mir, daß ich am Schlusse der heiligen Feiertage noch einmal die Andacht meines Herzens erwecke, um die Gedanken, die an den heiligen Tagen meine Seele erfüllt haben, noch einmal an mir vorüberzuführen, und den Gewinn, den mein Geist in ihnen gesammelt hat, als bleibendes Gut mit hinüberzunehmen in das Leben der Alltäglichkeit.

Es hat das heilige Neujahrsfest mir Gott den Herrn gezeigt als den allwissenden Richter, der die Handlungen der Menschen kennt und ihre innersten Gedanken. Vor diesem Richter kann die Lüge nimmer bestehen, der Trug zerfällt in Nichts, und kein Schein kann vor ihm die Wahrheit verhüllen. Aus all' den Betrachtungen, die an jenem Fest in mir rege wurden, mußte die Ueberzeugung hervorgehen, daß der Mensch

5

nur dann weise handelt, wenn in jedem Augenblicke
seines Lebens das Bewußtsein in ihm klar ist, daß
Gott der Herr seine Wege kennt und seine Thaten
prüft. Wie sollte der nicht auf dem Gleise der Recht=
schaffenheit und Tugend bleiben, der es nie vergißt,
daß er Rechenschaft geben muß vor dem Allwissenden
für alle seine Schritte!

Es hat alsdann der große Versöhnungstag,
mit seinem ganzen mächtigen Eindruck auf unser Gemüth,
Gott den Herrn mir gezeigt als den Gott der Gnade,
der die Sünden der Menschen vergiebt, so sie in wahrer
Reue ihn um Vergebung anflehen. Aber dieser Reue
mußte die strengste Selbstprüfung sich verbinden, auf daß
der Mensch sich des Unterschiedes bewußt werde zwischen
dem, was er leisten kann, und dem, was er in
Wirklichkeit leistet. Wir sollen es kennen lernen, daß
die Neigung zum Bösen nicht zu den Naturnothwendig=
keiten gehört, denen der Mensch unterworfen ist, daß
es vielmehr in unserer Kraft liegt, das Gute zu üben
und das Böse zu fliehen. Aus all' den Betrachtungen,
die an jenem Feste in mir rege wurden, mußte die
Ueberzeugung hervorgehen, daß strenge Selbstprüfung
die beste Führerin ist, dem Irrenden die rechte Bahn
zu zeigen, die beste Beschützerin ist gegen jede feindliche
Macht der Versuchung. Wie sollte der nicht auf dem
Gleise der Rechtschaffenheit und der Tugend bleiben,
der bei allen seinen Schritten sich selber prüft, ob nur
die Neigung des bethörten Herzens ihn leitet, oder ob
Vernunft, Religion und Gottesfurcht sein Bestreben
billigen!

Es hat das fröhliche Hüttenfest mir Gott den Herrn gezeigt als den liebenden Vater, der für alle seine Geschöpfe sorgt, der ihnen Saat und Ernte, Früchte und Labung giebt, damit es ihnen niemals an dem mangle, dessen sie bedürfen, und daß sie viel des Guten noch darüber hinaus genießen dürfen, auf daß ihr Herz fröhlich sei; der auch in den Zeiten der Noth den Menschen beisteht und seine Güte nie abwendet von denen, die auf ihn vertrauen. Aus all' den Betrachtungen, die an diesem Feste in mir rege wurden, mußte die Ueberzeugung hervorgehen, daß Gott der Herr Freude hat an unserer Fröhlichkeit. Wie sollte auch der die Gleise der Rechtschaffenheit und Tugend finden, wie sollte der beitragen zum Glücke seiner Nebenmenschen und zu ihrer Freude, der nur trüben Sinnes einherwandelt auf Erden, die Erde für eine Stätte des Jammers und der Finsterniß hält, der Freude keinen Vorzug giebt vor dem Leide, der Tugend keinen Vorzug vor dem Laster, der Liebe keinen Vorzug vor dem Hasse.

Das sind die Lehren und die Vortheile, die ich aus den Tagen der Festzeit mit hinübernehmen will in die Tage der Alltäglichkeit: daß Gott der Herr alle meine Wege kennt, und daß ich vor ihm Rechenschaft ablegen muß, daß die strengste Selbstüberwachung und Selbstprüfung die beste Führerin ist, die den rechten Weg mir zeigt, und daß Gott der Herr es will, daß ich des Daseins auf Erden mich freue und im Bewußtsein seiner Liebe fröhlich sei und Frohsinn um mich verbreite.

Mein Gott! gieb zu all' dem mir Deinen Beistand und Deinen Segen. Amen!

Die Hallel-Psalmen.
(Seite 34.)

Gebet beim Herausheben der Thora.
(Seite 39).

גֶּשֶׁם

Herbstgebet am Schlussfeste.

Nun am Fest, dem Schluß der Feste,
Die wir, Schöpfer, Dir geweiht,
Die uns ernst und freundlich brachte
Dieses Monats heil'ge Zeit,
Sei vor Dir noch eine Bitte
Uns'res Herzens dargelegt;
O, vernimm es wohlgefällig,
Was zum Bitten uns bewegt:

Ewig rollt das Rad der Zeiten
In dem sichern, festen Gleis,
Tage kommen, Tage schwinden
In der Jahreszeiten Kreis.

Kürzer wird die Bahn der Sonne,
Matter ihr belebend Licht,
Und schon zeigt mit trübem Ernste
Uns der Herbst sein Angesicht.

Und der Herbst, er wird vergehen,
Trüber noch, als er erschien,
Und der Winter wird die Schatten
Ueber uns're Erde zieh'n,
Und die Stürme werden toben,
Und der Tag wird seine Macht
Schüchtern eilend überlassen,
Weichend schnell, der strengen Nacht.

Und der Frost, er wird erstarren
Alles, was die Erde schmückt,
Wenn auf sie die weiße Hülle
Uns der Wolkenhimmel schickt.
Da ist Sprossen nicht und Keimen,
Nicht ein Wachsen und Gedeih'n,
Da wird nicht der Fluren Segen
Aller Menschen Freude sein.

Böse sind die kalten Tage,
Düster ist die Winterszeit!
O, wir werden sorgsam suchen
Schützend Obdach, warmes Kleid.
Doch wenn auch der Armuth Bürde
Mit des Mangels Last bedroht,
Fürchten muß er, ach, mit Schrecken,
Wintershärte, Wintersnoth.

D'rum, o Schöpfer, nimm in Liebe
Gnädig unf're Bitte auf:
Mach uns freundlich auch den Winter
In der Jahreszeiten Lauf;
Laff' ihn nicht zu strenge walten;
Und sein ernstes Angesicht
Trübe unf're Lebensfreude,
Unf're Lust, zu hoffen, nicht.

Laff' der Speicher Vorrath reichen,
Daß wir ohne Furcht dabei
Wissen, daß am Tisch der Armen
Nicht der Hunger Herrscher sei;
Daß wir ohne Furcht und Zagen
Sorglos in die Zukunft seh'n,
Und dem Frühling und dem Sommer
Frohen Muth's entgegengeh'n.

Thu's, um Deiner Liebe willen,
Die Du immer uns bewährt,
Du, Du bist ja unser Vater,
Der die Kinder gern ernährt.
Thu's, um Deiner Liebe willen,
Die Du immerdar geübt,
Denn es ist nicht unf're Tugend,
Die ein Recht, zu hoffen, giebt.

Thu's, um Deiner Liebe willen,
Wie Du stets uns wohlgethan,
Wie Du stets die Deinen leitest
Auf des Heiles rechter Bahn.

Ja, wir wollen auf Dich harren,
Stets auf Deine Liebe bau'n!
Du verlässest nie die Frommen,
Die in Demuth Dir vertrau'n!

Amen!

Gebet am Simchas Thora.

שִׂמְחַת תּוֹרָה

Herr und Vater! Es heißt von Deiner heiligen Lehre: „Sie soll nicht schwinden aus Deinem Munde und aus dem Munde Deiner Nachkommen in Ewigkeit!" und eben darum machen wir an dem heutigen Festtage dieselbe Stunde, in der wir die Vorlesung aus der Lehre Mose's beendigen, zur Stunde des Wiederbeginnens. Nie soll es in unserem Leben eine Stunde geben, die uns außerhalb der Beschäftigung mit den heiligen Büchern der Thora fände, eine Stunde, von der wir sagen können, wir haben die Durchlesung zwar beendet, aber noch nicht wiederbegonnen. Und ist auch dies nur ein äußerliches Werk, so ist es uns doch ein Zeichen und eine Mahnung, daß wir nie aufhören sollen in der heiligen Lehre zu forschen, daß wir es nie im Stande sind, ihren ganzen Inhalt zu erschöpfen, daß wir nicht immer wieder auf's Neue Belehrung, Trost, Weisheit und Erbauung in ihr zu finden vermöchten. Und das ist auch am heutigen Feste, dem Tage, den wir „die Freude des Gesetzes"

nennen, der Sinn dieſer Freude, daß in der Lehre ein
ewiger, nie verſiegender Quell des Heiles uns gegeben
iſt, deſſen Labung eine immer ſüßere wird, je mehr
wir aus ihm ſchöpfen.

Aber auch eine hiervon ganz verſchiedene Betrachtung
macht uns dieſen Tag würdig. Wie ein erhabenes
Kunſtwerk aus dem Reich der Töne, das bald ernſt
und würdig, bald ſtürmiſch brauſend, bald ſüß und
liebkoſend, bald zürnend und erſchütternd, aber immer
in gleicher Pracht und Herrlichkeit zu uns geredet hat
in den verſchiedenen Melodien, wie ein ſolches Kunſtwerk
der Töne endlich verhallt in leiſer, zitternder Klage, ſo
verhallt am heutigen Tage der Inhalt des Gottesbuches
in der Erzählung vom Tode des herrlichſten der Menſchen,
des göttlichen Propheten. Aber auch dieſer Schluß,
er enthält noch eine hohe unſchätzbare Lehre der
Weisheit. Moſe, der Mann Gottes, der ſein Leben
und Streben eingeſetzt für das Glück ſeines Volkes,
für das Glück der Menſchheit, er ſieht das Ziel ſeiner
Thaten von ferne, er ſelbſt genießt keine Frucht ſeiner
treuen Ausſaat. Von der Höhe des Berges ſchaut er
das herrliche Land, in das ſein Volk einziehen ſoll, er
ſelber aber zieht ein in die Heimath der ſeligen Geiſter.
Laß' dieſes Leben, dieſen Tod, o Herr mir eine Lehre
ſein! Nicht der Genuß ſei das Ziel unſeres Strebens,
ſondern die edle That. Gutes wirken, das allein
heißt leben. Die Bahn der Tugend ebnen für Andere,
das heißt auch ſelber auf ihr wandeln. Nicht ſtrebe meine
Seele darnach, zu herrſchen über Andere und zu glänzen
vor Anderen, wohl aber ein leuchtendes Vorbild zu ſein

für Andere in edlem Wollen und Wirken um endlich
in der Stunde des Scheidens aus der Erdenwelt das
Bewußtsein mitzunehmen in die Ewigkeit, keine Kraft,
die der Herr mir gegeben, unbenützt gelassen, sondern
sie angewandt zu haben zum Wohle der Menschen und
zur Ehre Gottes.

All' mein Lebtag möchte ich eine würdige Schülerin
des großen Lehrers sein, dem nie ein Prophet
geglichen, der die Herrlichkeit Gottes geschaut
von Angesicht zu Angesicht. Amen!

III. Gebete an den ernsten Festen.

יָמִים נוֹרָאִים

1. Das Neujahrsfest.

רֹאשׁ הַשָּׁנָה

Zwei Thränen.

Festbetrachtung am Neujahrsfeste.

Wenn es in irgend bedeutsamen Augenblicken
geschieht, daß es uns an Worten gebricht, uns aus=
zudrücken und mitzutheilen — wie muß uns die Sprache
nicht ohnmächtig erscheinen in einem Augenblicke, der
für unser Leben immer der bedeutsamste bleibt, am
Anfange eines neuen Jahres! Was da uns erfaßt,
was da uns bewegt, wie da von hinterwärts und
vorwärts, aus der Vergangenheit und Zukunft, Ströme
von Empfindungen und Gefühlen in unser Herz sich
ergießen, wie da Erinnerungen und Hoffnungen in
unserer Brust auf= und niederwogen, wie könnte solch'
ein vielgestaltig Bild durch den langsamen Griffel des
Wortes wiedergegeben werden! Dafür aber hat uns
der Schöpfer eine andere Sprache gegeben: Was die
Rede nicht meistert, was das Wort nicht sagen kann, —

es sagt's die Thräne. Und ob sie in nicht verhaltenem
Gusse die Wange mag herniederperlen, oder ob wir,
uns bewältigend, sie nach innen weinen, wer den über=
wältigenden Gedanken dieses Tages denkt, er weint die
Thräne, die Zeugin seiner Herzenswallung, die Thräne
des Leides und die Thräne der Freude.

Das vergangene Jahr, es will sein Recht. Und
ob man gleich die Zeit eitel und flüchtig nennt, für
den hat sie eine eiserne Gegenwart, dem sie wehe
gethan, ihm schwebt das Bild seiner trüben Erfahrungen
vor den Augen, als wäre es mit ewigem Griffel
gezeichnet, und oft ist der Schmerz noch so wenig
vernarbt, daß es nicht einmal der Erinnerung bedarf,
um die Thräne des Leides in sein Auge zu drängen.

Wer aber hätte sich nicht einmal von der Hand
des Geschickes unsanft erfaßt gesehen, oder wer hätte
nicht die oft noch unsanftere Berührung empfunden,
mit welcher Menschen unser innerstes Gefühl verletzend
antasten? Ob das Geschick, oder ob die Menschen sie
uns erpreßt, sie fließt, die Thräne des Leides.

Ob wir durch Sorgen uns hindurchgewunden, um
das tägliche Brot, ob wir zu den Füßen erblicken die
Trümmer von Hoffnungen, Wünschen und Entwürfen,
oder ob wir als leer und nichtig erkennen, was wir
einst fest und sicher glaubten, die Freundschaft, die Treue,
die Hingebung, die alles kündigt, dies alles umschließt
eine Thräne.

Aber nicht blos des Schmerzes Zeugniß ist sie,
diese Thräne, sie ist auch des Trostes Erweckerin. Ist
es doch dem Weinenden, als ob er mit ihr auch seinen

Schmerz ausgöſſe, denn ſie erweckt in uns den
Gedanken, daß Gott es war, der über uns entſchieden.
Wie traurig wäre es, wie könnten wir es ertragen,
wenn ſich zu dem Schmerze auch noch der Zweifel
geſellte, wenn unſer troſtbedürftiges Herz der Gedanke
umſtrickte: Es war alles nur des Zufalls Spiel. Eine
kalte Naturnothwendigkeit hat das Liebſte uns vom
Herzen geriſſen, ein blindes Geſchick hat der Sorgen
Laſt über uns ausgeſchüttet. Darum ſpricht dieſer
Tag mit ſeinen ſchmerzlichen Erinnerungen uns den
Troſt zu: Er, der die Zeiten dahinrauſchen läßt, iſt es
auch, der der Zeiten Ereigniſſe beſtimmt. Wohl giebt
es ein Feſtes, ein Nothwendiges, dem gegenüber all'
unſer Wollen und Streben ohnmächtig ſich erweiſt,
aber es iſt nicht die erklärungsloſe Feſtigkeit eines
Fatums, nicht die ſtarre Nothwendigkeit der Natur, es
iſt vielmehr der zweckvolle Wille einer höheren Weisheit.
So iſt die Thräne des Leides zugleich die Erweckerin
des Troſtes. Und wenn wir nicht nur um uns, ſondern
auch in uns ſchauen, und in dem niederdrückenden
Gefühl unſerer Schwäche, in dem Bewußtſein unſerer
Fehler und Mängel auch die Thräne der Schuld
vergießen, ſo iſt ſie allerdings auch die des Leides,
aber, wer Thränen vergießt ob ſeiner Schuld, der
fühlt die Sehnſucht nach Vervollkommnung, der hat
das Streben nach Beſſerung, und mit dem Streben
nach Beſſerung, kommt das Selbſtvertrauen, und die
Thräne wird zur Quelle des Troſtes.

Aber auch eine Thräne der Freude haben wir zu
weinen! War denn ein Tag im hingeſchwundenen Jahr,

dem nicht auf die Nacht das Morgenroth gefolgt wäre?
und hat sich nicht mit jedem Morgen die Güte des
Herrn neu an uns bewiesen? Ruft doch selbst jener
Sänger, der den schmerzlichen Fall Israels gesehen
unter Klagen aus: „Ja die Güte Gottes, sie hört
nicht auf, seine Gnade schwindet nicht, wie von
Neuem stets der Morgen tagt, so erneuert sich
Deine Güte." Und wer hätte selbst, wenn ihm die
Hand des Herrn noch so wehe gethan, von derselben
Hand nicht auch der Wohlthaten Fülle empfangen?
Hat er nicht vielfach den Lohn seines Fleißes, das
Gedeihen des Werkes seiner Hände erblickt? So manches
von dem, was er erstrebt, gewünscht, versucht, hat sich
verwirklicht und erfüllt. Und dann vor Allem, erblickt
er nicht diesen Tag? hat er nicht das Leben? Wer
aber Leben hat, der hat auch Hoffnung. So fließet
denn in der Thräne der Freude, wie sie der dankbare
Erguß unseres Herzens ist, zugleich der Quell der
Hoffnung. Und wann bedürfen wir der Hoffnung mehr,
als heute, da wir ein neues Jahr beginnen, da unser Auge
sich auf die Zukunft richtet, die vor uns liegt, umhüllt
von dem dichten Schleier des tiefsten Geheimnisses. Die
Hoffnung allein giebt uns den Muth, der Ungewißheit
nicht zu achten und getrost den Fuß auf unbekannten
Pfad zu setzen, sie ist die Stimme, die zu uns spricht
mit fast überzeugender Kraft der Beruhigung. Und
was ist es, das wir hoffen! Sollten nicht, wie in
dem dahingeschwundenen Jahre, so viel Denkmale
aufgerichtet stehen, von Gottes Gnade und Güte, als
wir Stunden durchlebt haben, sollte nicht ebenso in

dem kommenden die Kette der Gnadenzeugnisse sich
fortsetzen? Und wenn wir auch hier nicht um uns,
sondern in uns schauen und, in dem Bewußtsein, daß
Gott trotz unserer Fehler und Schwächen und Sünden
dennoch uns seine Güte nicht entzogen hat, eine Thräne
der Reue weinen, und wenn sich dabei die Zuversicht
kräftigt, daß Gott uns auch bei dem Werke unserer
Veredlung beistehen wird, dann ist auch diese Thräne
eine Thräne der Freude und auch sie erscheint als ein
frischer Lebensquell der Hoffnung.

Und so treten wir getrost in das neue Jahr, denn
wir hoffen auf den, der in der Zeiten Wandelbarkeit
allein unwandelbar ist. Beherzigen wir, was mit der
Vergangenheit uns versöhnt, für die Zukunft uns stärkt.
Tröstlich ergeben in die Vergangenheit, die Gottes
war, muthig hoffen auf die Zukunft, die Gottes sein
wird, das ist die Lehre dieses Tages — die Lehre
zweier Thränen. Amen!

Am Vorabend des Neujahrsfestes.

So sinke nun hernieder
Du letzter Tagesrest,
Deff' letzter Schimmer wieder
Ein Jahr uns enden läßt!
Das neue wird erscheinen
Nun bald im Abendstern,
Der ruft, uns zu vereinen
In Demuth vor dem Herrn.

Wir trauen Deiner Liebe,
O, Herr, und fürchten nicht,
Du, Vater, uns! o übe
Mit uns ein mild' Gericht!
All' unf're Lebenspfade
Bestimmst Du, Herr, allein,
O, schreib' in's Buch der Gnade,
Allgütiger uns ein.

Gebet am Vorabend des Neujahrsfestes.
(Zum Jahreswechsel.)

Allmächtiger! So oft ich nachdenke über mein
Verhältniß zu Dir, so oft erfüllt die Betrachtung Deiner
Größe und Ewigkeit, gegenüber meiner Hinfälligkeit
und Vergänglichkeit, meine ganze Seele mit Demuth
und Zagen, aber das Bewußtsein Deiner Liebe richtet
sich wieder auf, und im Gebete zu Dir finde ich mich
wieder als Dein Kind, finde ich Dich wieder, als
meinen Vater.

Das ist mein wahres Verhältniß zu Dir, und im
Gefühle desselben will ich auch jetzt die Gedanken und
Wünsche meines Herzens vor Dir offenbaren, wie
ein Kind mit dem Bekenntniß seiner Empfindungen
vertrauensvoll hintritt vor seinen Vater, jetzt, da der
Ernst einer weihevollen Stunde zum Gebete mich
mahnt, jetzt, da die letzten scheidenden Strahlen der
Sonne nicht bloß einen Tag, sondern ein ganzes Jahr
beschließen.

Was ist ein Jahr vor Dir? „Tausend Jahre
sind vor Dir dem gestrigen Tage gleich, der
schnell vorüberzog." Was aber ist ein Jahr vor
mir? Ein großes Stück meines Lebens. „Denn
uns'rer Jahre hohe Zahl ist siebenzig, und
ausgezeichnet ist's, wenn deren achtzig werden."
Darum gleitet die Stunde des Jahreswechsels dem
denkenden Sinne nicht unbeachtet vorüber, und der

wache Geist vernimmt den Zuruf: Steh' still, Wanderer,
auf der Lebensbahn, steh' still und schaue um dich!

Und so richte ich denn meinen Blick zurück auf
die Tage des verflossenen Jahres. Mancher von ihnen
ist hingegangen, und er ragt nicht hervor aus der Reihe
der übrigen, seine Ereignisse sind meinem Gedächtnisse
entschwunden; mancher hingegen hat sich tief in mein
Gedächtniß eingeprägt und einen bleibenden Denkstein
hingestellt auf den Pfad meiner Erinnerung; alle haben
wie die Glieder einer Kette sich aneinander gereihet,
die abgelaufen ist von dem Rade meines Erdenwandels.
Wiederum habe ich den Ernst des Lebens mehr erkannt,
und neue Aenderungen sind eingetreten in meinem Streben
und in meinen Neigungen, neue Spuren der Erfahrung
haben sich eingegraben auf die Tafel meiner Welt-
anschauung. Und hervorgegangen aus allen diesen Ver-
änderungen ist mehr und mehr das Bewußtsein, daß es
nur ein Glück giebt auf Erden, das des Ringens und
Strebens würdig ist, das ist ein friedliches Gewissen,
ein reines Gemüth, das freien Muthes hintreten kann
vor Dich, seinen Schöpfer.

Viel des Guten habe ich erfahren in den Tagen
des verflossenen Jahres. Unausgesetzt hat die Liebe der
Meinigen mein Herz erquickt, oft habe ich mich des
Abends zur Ruhe gelegt mit dem süßen Gefühle er-
füllter Pflicht, oft ist mir die Gelegenheit geworden, das
Herz meines Nebenmenschen zu erfreuen, oft habe ich
mit Freuden beobachtet, wie das ganze Menschengeschlecht
fortschreitet auf der Bahn der Erkenntniß und der
Einsicht, oft genug habe ich mit Stolze wahrgenommen;

6

wie mein Volk, das Haus Israels, seine Fähigkeit offenbart und seine Bestimmung nicht verleugnet, voranzu-
leuchten als Licht des Glaubens und der Gotteslehre
allen Völkern auf der Erde. All diese Freuden aber
sind dein Werk, all diese Süßigkeiten sind ein Ausfluß
Deiner Liebe.

Viel des Trüben habe ich auch erfahren in den
Tagen des verflossenen Jahres. Ach, nicht immer war
mein Haupt frei von Sorge, mein Herz frei von Kummer!
Oft trat die Gefahr an mich heran, die grimmig die
Hand ausstreckt, die Zufriedenheit, die Freude und viele
andere Schätze des Lebens mir zu rauben. Oft sah ich
Leid um mich her und konnte es nicht beseitigen, oft
sah ich Bosheit an meiner Seite und konnte ihren Weg
nicht hemmen, oft sah ich Noth bei meinen Nebenmenschen und konnte sie nicht lindern. Oft sah ich auch
das Gebäude meiner eigenen Hoffnungen in Trümmer
sinken, und noch öfter erkannte ich die Thorheit meiner
Wünsche und vermochte nicht, sie zu bannen. Alles
aber hast Du, mein Gott, so gewollt und durch Deine
Gnade hast Du mich erhalten, daß ich jetzt am Schlusse
des Jahres, auch für diese Prüfung Dir danken kann.

Und so richte ich meinen Blick nun auch auf die
Tage des Jahres, die da kommen sollen. Doch was
ich schaue, ist nichts, als ein dichter Nebel, mit dem
Deine Allweisheit den Blick des Menschen verschleiert,
daß er die Zukunft nicht durchdringe, und dieser Nebel
der Unwissenheit lehrt uns mehr als alle Betrachtung
der sichtbaren Dinge, daß wir Dir allein unterworfen
sind, Dir allein unser Schicksal anheimstellen müssen

und nur das eine Recht besitzen, in inbrünstigem Gebete zu Dir das Heil für uns zu erflehen.

Darum bitte auch ich Dich, mein gütiger, himmlischer Vater, jetzt am Beginne des Jahres um Deine Gnade für mich in den Tagen des Jahres.

O Herr, mein Gott! gieb meinem Geiste Einsicht und meinem Herzen den Willen, das Gute zu finden und die Tugend zu üben. Erhalte mir die Gesundheit des Leibes und der Seele, sei mit den Meinigen allen und lass' täglich Deine Liebe an uns offenbar werden, schütze uns vor Gefahren und halte die Versuchung von uns ferne. Vergieb uns unsere Sünden und begnadige uns mit einer milden Gesinnung, daß auch wir Nachsicht üben mit den Fehlern unserer Nebenmenschen.

Auf Dich will ich hoffen, Dir will ich vertrauen, Du warst mein Beschützer und Leiter bis zu dieser Stunde, Du wirst es auch ferner sein, mein Gott und Vater! Amen!

Morgengebet am Neujahrsfeste,

(Vorher Nischmath, Seite 17.)

Mein Gott! Mit Andacht öffne ich meine Lippen daß mein Mund Deinen Ruhm verkünde.

Gelobt seist Du, Ewiger, unser Gott, Gott unserer
Väter, Gott Abrahams, Isaaks und Jakobs! Du bist der
Große, der Mächtige, der Erfurchtbare, Du bist
der erhabene Wohlthäter und Vergelter aller guten
Handlungen. Du gedenkest auch der Frömmigkeit
unserer Vorfahren, die in Treue vor Dir gewandelt sind,
und vergiltst ihre Tugend noch ihren Kindeskindern,
um Deines heiligen Namens Willen in Liebe.

**O gedenke auch unser darum am Neujahrstage
mit Deiner Liebe und bestimme uns zum Leben;
Du, o König, hast ja Wohlgefallen am Leben!** O
schreibe uns ein in das Buch des Lebens, um Deiner Liebe
Willen, Du Herr des Lebens.

König bist Du über die Welt, Helfer, Retter,
Schild und Beistand allen Deinen.

Ja, Du bist der Allmächtige in Ewigkeit! Deine
Gnade gegen die Erdenkinder erstreckt sich über ihr
Leben auf Erden hinaus, denn auch denen, die
entschlafen sind zum Tode, bist Du ein Helfer in den
Gefilden der Ewigkeit. Auf Erden aber ernährst Du die
Lebendigen, stützest die Fallenden, heilest die Kranken,
erlösest die, so gefesselt sind in den Banden des Unglücks.

**Wer ist Dir gleich, Vater der Barmherzigkeit!
Du gedenkest in Gnade aller Deiner Geschöpfe, Dein
Geschenk ist ihr Leben.**

Heilig bist Du, und heilig ist Dein Name, und
allen Frommen gebührt es, Dich täglich zu loben.

O, so möge denn auch die Zeit immer näher kommen,
daß Dich, den Ewigen, unseren Gott, alle Deine Geschöpfe in Ehrfurcht preisen, daß alle Menschen auf

der Erde erfüllt werden von dem Bewußtsein Deiner Erhabenheit, daß alle einmüthig vor Dir sich beugen, daß Alle in einem Bunde sich vereinigen, um mit freudigem Herzen Deinen Willen zu üben; daß sie es erkennen, so wie wir es wissen, daß Dein allein die Herrschaft ist, alle Macht nur in Deiner Hand, alle Stärke nur in Deiner Rechten, und daß Dein Name allein würdig ist, der Inbegriff aller Ehrfurcht zu sein für alle Geschöpfe der Erde.

Und so möge es auch zur Ehre Deines Volkes an= erkannt werden, daß sein Glauben die Wahrheit ist. Das sei der Ruhm Deiner Verehrer, die Hoffnung derer, die Dich suchen. Das freimüthige Wort derer, die auf Dich harren, sei immerdar die Rede: „Einst wird der Herr das Licht der Wahrheit leuchten lassen über die ganze Welt." O thue es bald! O thue es bald!

Bringe näher die Zeiten des Heiles vor unseren Augen, so daß die Gerechten es sehen und sich dessen freuen, die Redlichen jauchzen, die Frommen in Jubel ausbrechen, wenn das Laster verstummt, die Bosheit wie Rauch vergeht und die Herrschaft des Uebermuthes schwindet von der Erde.

Dann wird der Glauben an Dich allein die Welt regieren, dann wird erfüllt sein Dein heiliges Wort:

„Der Herr allein regiert die Welt, dein Gott ist's, der Gott auf Zion, angebetet von Geschlecht zu Geschlecht, Hallelujah!

O, Ewiger! unser Gott! laß diesen Tag der
Erinnerung, diesen Tag des Posaunenschalles zu
unserem Heile werden.

Laß heutigen Tages vor Dir aufsteigen das Andenken an uns, die Betenden, auch das Andenken an
unsere Väter, dir vor Dir gewandelt, auch das Andenken an
den Erlöser, den Du Deinem Volke verheißen, auch das
Andenken an Jerusalem, Deine heilige Stadt, auch das
Andenken an das ganze Volk Israel, dem Du ein treuer
Hüter gewesen bist auf seinem Wege durch die Zeiten,
damit Du am heutigen Tage der Erinnerung unser gedenkest in Milde und Barmherzigkeit, zum Glücke und
zur Rettung, zum Leben und zum Wohlsein.

O, gedenke unser heut zum Glücke!
Erinnere Dich unser zum Segen!
Steh' uns bei, auf daß wir leben!

Denn auf Dich sind unsere Augen gerichtet, Du
bist Gott, Du bist König, Du bist der Allgütige.

O Du, unser Gott und Gott unserer Vorfahren!
Reinige auch unser Herz von Sünde und Irrthum, daß
wir in Aufrichtigkeit und Wahrheit Dir dienen. Wenn
wir uns sättigen an den Gaben Deiner Liebe, so laß'
uns auch wandeln in den Wegen Deiner Gebote,
daß wir Deine Lehre als unser liebstes Antheil achten,
damit auch wir vollkommen würdig werden jener seligen
Zeiten, da alle Werke es wissen werden, daß Du der
Meister bist, alle Geschöpfe es verstehen werden, daß
Du der Schöpfer bist, und alles, was Odem hat, es

aussprechen wird: „Der Ewige, der Gott Israels, ist König und seine Herrschaft reicht über das Weltall.

Nimm auch unsern Dank, o Gott und Gott unserer Vorfahren, für das Leben, das Du bis heute uns bewahrt, für die Wohlthaten, die Du bis heute uns erwiesen hast. Alles was Du für uns thust, ist groß und wunderbar. Wir könnten nicht genügend Dir danken, und wollten wir auch jeden Tag vom Morgen bis an den Abend Dich rühmen. Ohne Ende ist Deine Güte, und Deine Liebe hat keine Grenzen.

Verzeichne zum glücklichen Leben alle Kinder Deines Bundes.

Laß' Deinen Frieden walten über uns, und laß' uns allezeit wandeln in Deinem Lichte.

Verzeichne uns heut, uns und das ganze Haus Israels, in's Buch des Friedens, der Nahrung und des Wohlseins.

Bewahre unsere Zunge vor böser Rede und unser Gemüth vor Hochmuth, segne uns mit einem willigen Herzen und einem eifrigen Geiste zur Erfüllung unsrer Pflichten, und nimm wohlgefällig auf die Worte meines Mundes, Du, mein Fels und mein Erlöser! Amen.

אָבִינוּ מַלְכֵּנוּ

Owinu malkenu.

Gebet für das Neujahrsfest, den Versöhnungstag und die 10 Bußtage.

(Dieses Gebet wird am Sabbath nicht gesprochen.)

Herr und Vater! Wir haben gesündigt vor Dir.

H. u. V.! Du bist allein der Herr, auf den wir vertrauen.

H. u V.! Uebe Gnade an uns zur Verherrlichung Deines Namens.

H. u. V.! Laß' das neue Jahr zu Glück und Heil uns herankommen.

H. u. V.! Halte fern von uns jedes schwere Ver=hängniß.

H. u V.! Vernichte die Rathschläge unserer Feinde, die sie gegen uns gerichtet.

H. u. V.! Halte fern von uns Pest, Krieg und Hungers=noth. Laß' die Deinen nicht in die Gewalt der Unterdrückung und des Verderbens fallen.

H. u. V.! Behüte uns vor gefährlicher Krankheit.

H. u. V.! Verzeihe und vergieb uns unsere Sünden.

H. u. V.! Laß' in vollständiger Buße uns zu Dir zurückkehren.

H. u. V.! Sende vollkommene Heilung allen unseren Kranken.

H. u V.! Gedenke unser mit Wohlwollen und Gnade.

H. u. V.! Bestimme für uns ein Leben ohne Unglück.

Herr und Vater! Bestimme für uns Heil und Erlösung.

H. u. V.! Bestimme für uns, daß Noth und Mangel
uns fern bleiben.

H. u. V.! Möge es Deine Bestimmung sein, daß auch
wir verdienstlich leben.

H. u. V.! Möge es Deine Bestimmung sein, daß Fehl
und Unrecht uns verziehen werde.

H. u. V.! Laß' das Heil der Menschen wachsen und
zunehmen.

H. u. V.! Erhebe Israel zu seiner wahren Größe und
zur Erkenntniß seines Berufes.

H. u. V.! Laß' Dein Reich auf Erden immer mehr
und mehr sich erweitern.

H. u. V.! Fülle unsere Hand mit Deinen Segnungen.

H. u V.! Höre unsere Stimme und erbarme Dich
über uns.

H. u. V.! Nimm unser Gebet in Gnaden auf.

H. u. V.! Oeffne die Pforten des Himmels unserem
Flehen.

H. u. V.! Gedenke, daß wir nur Staub sind.

H. u. V.! Laß' uns nicht leer zurückkehren, da wir
gebetet vor Deinem Angesicht.

H. u. V.! Laß' diese Stunde eine Stunde der
Barmherzigkeit, eine Zeit der Gnade vor Dir sein.

H. u. V.! Erbarme Dich über unsere unmündigen
Kinder.

H. u. V.! Gedenke des Verdienstes der Frommen,
unserer Vorfahren, die in den Tod gegangen sind
um des Glaubens willen, die standhaft ihr Leben
geopfert haben für das Bekenntniß Deiner Einheit.

Herr und Vater! Laß' auch ferner Deinen Namen durch uns geheiligt und verbreitet werden.

H. u. V.! Nicht unserem Verdienste vertrauen wir, sondern Deiner Gnade. Amen!

Beim Herausheben der Thora am Neujahrsfeste.

O **Ewiger**! **Ewiger**! **Barmherziger Gott**! Du bist der Allgnädige, langmüthig und von unbegrenzter Huld und Treue, der seine Gnade bewahret bis in's tausendste Geschlecht, der Missethat, Abfall und Sünde vergiebt und den Uebelthäter lossspricht.

(Dreimal).

Herr des Weltalls! o erfülle die Wünsche meines Herzens, so sie zu meinem Heile gereichen; willfahre meinem Verlangen und erhöre meine Bitte! Vergieb erbarmungsvoll alle meine Missethaten, und vergieb Fehl und Sünde Allen, die mir nahe stehen, und die ich in mein Gebet einschließe. Laff' Deine Verzeihung walten über uns aus Gnade und Barmherzigkeit; laff' uns rein sein von Sünde und Vergehen. Gedenke heute unser mit Wohlwollen, erinnere Dich unser zu unserm Heile, schenke uns ein glückliches Leben, gewähre uns Frieden, Nahrung, Zufriedenheit, und sorgenfreie Befriedigung der Bedürfnisse des Lebens. Laff' es uns nimmer fehlen an Brot und Kleid. Beglücke uns mit

Wohlstand und Ansehen und Lebensfreude, damit es
uns vergönnt sei, diese Güter anzuwenden zu Werken
der Tugend, schenke uns Leben und Gesundheit, damit
wir noch lange zu wandeln vermögen in den Wegen
Deiner Lehre. Gieb uns Weisheit und Einsicht, daß
es uns mehr und mehr gelinge, einzudringen in den
Plan Deiner Weltregierung. Befreie uns von den
Leiden, die uns drücken, und segne die Thaten unserer
Hände. Verhänge über uns Glück, Heil und Trost.
Vernichte die Gefahren, die uns drohen, ob sie uns
bekannt oder unbekannt sind. Wende immerdar das
Herz unseres erhabenen Regenten zum Wohlwollen, daß
nie wieder über Israel hereinbrechen Tage des Druckes
und der Erniedrigung. Also sei es wohlgefällig vor
Dir, barmherziger Vater, Herr des Weltalls. Amen!

שְׁמַע יִשְׂרָאֵל יְהֹוָה אֱלֹהֵינוּ יְהֹוָה אֶחָד

Gebet vor dem Schofarblasen.

Wiederum ist die kurze, ernste und feierliche Spanne
Zeit uns gegenwärtig, die in den Tönen des Schofars
uns verkünden wird, daß Du, o Gott, der Weltenkönig
bist von Ewigkeit bis in Ewigkeit, daß Du, o Gott, der
Richter bist, der alle Wesen vor seinen Thron fordert,
damit ihr Urtheil ihnen werde, daß Du, o Gott, der
Lehrer bist, der mit Donnerstimme am Sinai den
Weg verkündiget hat, der zur Wahrheit führt.

Noch schweigt das Horn, und feierliche Stille vergönnt mir einen Augenblick der Sammlung, daß ich die Kräfte meines Geistes und die Empfindungen meines Herzens alle wach rufe, um jene erhabenen Gedanken zu fassen.

Ja, aufraffen will ich mich und erheben im Gebete zu Dir, und niederbeugen will ich mich zum Staube vor Dir, und hinwenden will ich alle meine Gedanken zu Dir, mein König, mein Richter, mein Lehrer!

Gott, Du allein bist König in Ewigkeit. Was ist irdische Macht, was ist menschliche Größe? Die Erde nicht und nicht der Himmel und nicht des Himmels Himmel und nicht der Raum des Weltalls, den die Gedanken des Sterblichen begreifen, umfassen den Abglanz Deiner Herrlichkeit. Nicht Dein Befehl ist's, dem die Welten dienen, nicht Dein Wort ist's dem die Heere des Himmels gehorchen, Dein Willen ist's allein. Wo ist ein Willen, der dem Deinem trotzt? Wo ist ein Wirken, das nicht Du geordnet? Wo ist ein Raum, und er wäre nicht im Gebiete Deiner Macht? Wo ist ein Anfang, der vor Dir war? wo ist ein Ende, das hinausreicht über Deine Dauer? Raum und Zeit sind nicht vor Dir vorhanden. Ja Du, Gott, allein bist der Allmächtige, Du allein bist König, Du allein regierst, Du hast regiert und wirst regieren von Ewigkeit zu Ewigkeit!

Gott, Du allein bist Richter! Laß ab, mein Geist, von dem vergeblichen Streben, die Größe des Erhabenen zu erkennen; kehre zurück zur kleinen Erde und preise Gott als den, der auch das Kleine schauet!

Ja, Deiner Allwissenheit ist Nichts verborgen. Du kennst die Wesen alle und ihr Thun, Du kennst auch mich. Vor Dir ist meine Seele offenbar, und die Gedanken meines Herzens sind bekannt. Fern bist Du mir und unerreichbar, wenn ich meinen Blick hinaussende in Deine weite Welt; aber nahe bist Du mir und fühlbar, wenn ich ihn in mein Inneres richte. Wenn die Begierden in mir streiten, wenn die Tugend mit der Sünde in mir um die Herrschaft kämpfen, dann empfinde ich es daß ich verantwortlich bin für meine Thaten, daß ich die Freiheit des Willens nicht erhalten habe zum Dienste der Leidenschaft, sondern als Waffe gegen sie, auf daß ich bestehe vor dem prüfenden Auge des Richters. Mein Richter aber bist Du, Dein Urtheilsspruch ist mein Schicksal, O richte mich, mein Gott! Richte mich nach Deiner Gnade und nicht nach meinem Verdienste.

Gott, Du allein bist Lehrer. Wollte ich auch mit der besten Kraft des Willens meine Tugend einrichten nach meiner Weisheit, so würde ich im Finstern wandeln. Du aber hast das nicht gewollt. Du hast den Weg des Verdienstes mir vorgezeichnet in Deiner heiligen Lehre. Du hast den Menschen Deinen Willen kund gethan am Sinai. Dein Willen sei mein Gesetz! Deine Lehre sei meine Weisheit!

So möge denn das Horn ertönen, es wird mich vorbereitet finden, seine Sprache zu verstehen. Fremd= artig und wunderbar erklingt es vor meinem Ohre, wie der Wiederhall aus ferner, alter Zeit, als wollte es von den Wundern erzählen, die Gott in grauer Vorzeit meinen Vätern erwiesen, und dennoch spricht

es zu uns und zu allen Geschlechtern in der verständ-
lichen Zunge gegenwärtiger Zeit: Erwache, Menschen-
geist, erwache! Erhebe Dich, Menschenherz, er-
hebe Dich! Es ruft Dich Gott! er ist Dir nahe.
Bringe Huldigung dem Könige, bringe Bekenntniß dem
Richter, bringe Dank und Ehrfurcht dem erhabenen
Lehrer. Herbei! Herbei! es ist der Tag des Herrn!
Amen!

Gelobt seist Du, Ewiger, unser Gott, König der
Welt, der Du uns geheiligt hast durch Deine Gebote
und uns befohlen hast zu vernehmen die Stimme des
Schofars!

וּנְתַנֶּה תֹּקֶף

Un'thanne tokef.

Erwäge nun, mein Geist, die Heiligkeit
Des Tages heut, erwäge seine Größe!
Denn mächtig ist er, furchtbar und erhaben.
Heut thust Du, Herr! uns Deine Herrschaft kund.
Der Weltregierung Herrscherstuhl errichtet
Hast Du vor uns, auf Gnade ihn gegründet
Und thronest d'rauf im Himmelsglanz der Wahrheit.
Ja, Wahrheit ist's, daß Du ein Richter bist,
Der nimmer irren kann; Allwissenheit
Macht Dich zugleich zum Geber des Gesetzes,
Zum Zeugen und zum unfehlbaren Richter.

Geschrieben und gezählt von Deiner Hand,
Besiegelt auch sind alle uns're Thaten, —
Die wir vergessen, sind von Dir gedacht.
Heut schlägst das Buch Du der Erinn'rung auf,
Und siehe! Alles deutlich d'rin zu lesen,
Als wär's von uns'rer eigenen Hand verzeichnet.

Da tönet mächtig der Posaune Schall,
Und sie verhallt in feierlicher Stille,
Und zitternd eilt herbei der Engel Schaar,
Sie laden zum Gericht und rufen aus:
„Erschienen nun ist des Gerichtes Tag!
Herbei, ihr Himmelsschaaren! eilt herbei!"
Denn sie auch sind nicht fehlerlos vor Dir.

Und die Geschöpfe alle ziehn vorüber
Vor Deinem Angesichte, wie eine Heerde.
So wie der Hirte, musternd seine Schafe,
Sie läßt dahinzieh'n unter seinem Stabe,
So musterst Du, so leitest Du und zählest
Die Seelen der Lebend'gen, alle, alle;
Das Ziel bestimmst Du jedem Deiner Wesen,
Verzeichnest ihr Gericht, wie Du's verhängst.

Am Neujahrstage, da wird's aufgeschrieben
Und am Versöhnungstage wird's beschlossen:
Wie viel der Wesen aus dem Leben scheiden,
Wie viel zur Welt gerufen werden sollen,
Wer leben soll und wer zum Tode eingeh'n,
Wer da sein Ziel erreichen, wer verfehlen,

Und wen die rohen Kräfte der Natur,
Wen Schwert und Krankheit oder Hungersnoth
Als ihre Beute sich erwählen werden,
Und wessen Antheil wird der Frieden sein.
Wer unstät irren müsse durch das Leben,
Wer Freudigkeit, wer Trübsal finden soll,
Wer wandeln soll im Segen oder Mangel,
Und wer erniedrigt, wer erhöhet werde;

aber

Reue, Gebet und Liebeswerke

laffen das böse Verhängniß vorübergehen.

Denn wie Dein Name, so ist auch Dein Ruhm,
Bist schwer erzürnt und leicht geneigt zur Milde,
Du willst nicht, daß der Todesschuld'ge sterbe,
Du willst, daß er bereue, daß er lebe,
Du harrst auf ihn bis auf den Tag des Todes
Und nimmst ihn auf, so er zu Dir sich wendet.

Fürwahr! Du bist der Schöpfer aller Menschen,
Kennst ihre Triebe, — sie sind Fleisch und Blut. —
Der Mensch ist Staub und kehrt zurück zum Staube,
Wenn mühsam er das Leben hingebracht.
Er ist zerbrechlich, gleich dem irb'nen Scherben,
Dem dürren Grase gleich, der welken Blüthe,
Dem Schatten gleich, der stumm vorüberzieht,
Der Wolke gleich, die sich als Nebel löset.

Wie Wind dahingeht, wie der Staub verfliegt:
So fliegt er hin, vergänglich wie ein Traum.

Du aber bist König, Gott, der Lebendige, der Bestehende in Ewigkeit!

עָלֵינוּ

Olenu.

Wohl mag es uns gebühren, ihn, den Herrn der Welt,
zu preisen,
Ihm, der das Schöpfungswerk vollbracht, Anbetung zu
erweisen.
Er hat uns nicht, den Heiden gleich, in Finsterniß
gelassen,
Und seiner Größe Herrlichkeit vermögen wir zu fassen.
Beneidenswerth ist unser Loos durch seiner Gnade
Gaben,
Die uns der Wahrheit Licht gezeigt, daß wir erkannt
ihn haben.
Es kennt ihn nicht, den Herrn der Welt, der blöden
Heiden Menge,
Wir aber nahen seinem Thron durch Dank= und Lob=
gesänge.

7

Wir bücken uns, wir beugen uns vor seinem
                                heil'gen Namen.
Der Heilige ist der Herr der Herrn, in Ewigkeiten!
                                Amen!

Er hat den Himmel ausgespannt, er hat erbaut die
                                Erde,
Auf daß der Abglanz seiner Macht geoffenbart uns werde!
Es thronet seine Herrlichkeit am hohen Himmel droben;
Er nur allein ist unser Gott, den wir in Demuth loben,
Er nur ist König uns allein und außer ihm kein Wesen,
Wie wir es in dem heil'gen Wort der Gotteslehre lesen:
„So wisse nun und laß' erfüllt dein Herz vom Glauben
                                werden:
Der Ewige allein ist Gott im Himmel und auf Erden."

Und darum hoffen wir auf Dich, es wird die Zeit
                                erscheinen,
Daß alle Erdenkinder sich in Deinem Dienst vereinen;
Daß aller Wahn und aller Trug und Aberglaube
                                schwinden,
Und alle Zungen Deinen Ruhm und Deine Macht ver=
                                künden.
Und alles Fleisch wird demuthsvoll zu Deinem Dienst
                                sich wenden,
Und alle Bosheit wird vergeh'n an allen Erdenenden,
Und jedes Knie — es wird vor Dir, vor Dir allein sich
                                beugen,

Und jeder Mund wird schwören Dir, Dir jedes Haupt
sich neigen,

Und Preis allein wird Dir gebracht, Dir von den
Menschen allen,

Und im Gebet zum Staub vor Dir der Staubgebor'ne
fallen;

Und Deiner Herrschaft Allgewalt wird jeder Geist empfinden:

So wird auf Erden sich Dein Reich für Ewigkeit begründen,

So wie es heißt: „Es kommt der Tag, dann wird des
Ewigen Namen

Von allen Menschen anerkannt: Der Herr ist einzig!“
Amen!

II. Der Versöhnungstag.

יום כפור

Die Versöhnung.

Festbetrachtung am Versöhnungstage.

Wie die kühlende Fluth den vom Sonnenbrande
ermatteten Leib erfrischt, so verjüngt sich unser Geist,
wenn er niedertaucht in die belebende Wahrheit der
Versöhnung; und der Hinblick auf die lange Reihe von
Vergehungen, die bei dem Gedanken an unsere Entsündigung uns vor die Seele treten, soll uns den göttlichen Frieden, den dieser Tag uns bietet, nicht ver-
bittern, uns nicht verhindern, die Größe des Tages in
ungetrübter Reinheit zu empfinden, seine Wohlthat in
unverkürzter Fülle zu genießen.

Die Versöhnung, mit welcher Gott der Herr uns
alljährlich bedenkt, ist die nothwendige Ergänzung unseres
lückenhaften Daseins. Sündhaft, wie wir sind, wären
wir im Grunde dem göttlichen Strafgericht unab-
änderlich verfallen, darum tritt Gottes Gnade, tritt

dieſer Tag vor den Riß, er bildet den Kitt unſeres Lebens und giebt dem Stückwerk unſerer Thätigkeit Abſchluß und Abrundung.

Das iſt wohl der edelſte Gedanke aus dem Ge=dankenſchatze des Judenthums. Er weiſt die Annahme kräftig zurück, daß es einer Vermittelung zwiſchen Gott und der Welt durch den Opfertod eines Menſchen be=durft hätte, der für die Welt habe ſterben müſſen. Gott ſelber vielmehr gleicht alljährlich durch den Ver=ſöhnungstag das Mißverhältniß zwiſchen unſerer Auf=gabe und unſeren Leiſtungen aus.

Wenn nun aber das Bewußtſein, daß wir die Verſöhnung als ein Gnadengeſchenk Gottes unmittelbar aus der Hand des liebenden Vaters empfangen, uns auch Troſt und Erhebung gewährt, iſt es alsdann nicht ſchon bitter genug, daß wir der Sünde ſo leicht anheim fallen, das wir die Idee der Vollkommenheit denken und doch nicht erreichen können? Warum ſollen wir nicht wenigſtens die Kraft der Ausgleichung beſitzen, warum ſollen wir, was wir geſündigt, nicht ſelbſt wieder gut machen, die Verſöhnung nicht verdienen können?

Und in der That, wir können es. Gott will nicht, daß ſie als ein Geſchenk uns zufalle, Gott will, daß wir als einen Lohn und nicht als eine unverdiente Gnade ſie empfangen, und ſeine heilige Lehre zeigt uns den Weg, auf welchem wir durch unſere eigene Leiſtung die Verſöhnung zu unſerer That geſtalten können. Gott ſpricht zu Moſe auf ſeine Fürbitte für die Sünder: „Ich vergebe nach deinen Worten." In dieſem knappen Satze iſt es angedeutet, worin die

Leistungen bestehen, die der Versöhnung den Stempel
einer freien That verleihen, darin nämlich, daß wir
zuvörderst nach der Versöhnung verlangen und
an die Versöhnung glauben. Das ist die erste
Aufgabe, zu deren Erfüllung dieser Tag uns aufruft.

Gott spricht zum Sünder: Ich vergebe, wenn du
ein Wort nur aussprichst, denn dies eine Wort ist das
Verlangen nach Aussöhnung — es bedeutet für Gott
die Sehnsucht nach dem Göttlichen, das Bedürfniß, sich
im Einklange zu wissen mit den ewigen Gesetzen der
Tugend und Sittlichkeit, und diese Sehnsucht, dieses
Bedürfniß, das ist der Puls, der, wenn er auch leise
schlägt, so lange er schlägt, sittliche Kraft, sittliches
Leben, ein fühlendes Menschenherz bekundet. So hoch
hat das Judenthum den Menschen gestellt, daß er tief
sinken kann, ohne zu versinken, daß er tief fallen kann,
ohne unterzugehen — es hat dem Menschen fast unmöglich gemacht, ein verlorener Mensch zu sein.
Das Verlangen nach Aussöhnung ist auch an und für
sich schon eine sittliche That. Wie oft weigert sich die
Lippe des Freundes gegenüber dem Freunde, die des
Kindes gegenüber den Eltern, das Verlangen nach Aussöhnung zu offenbaren, sie scheint oft verschlossen und
versteinert, weil die Bitte schwer erscheint; erst der Sieg
der Selbstüberwindung muß dem ausgesprochenen Verlangen vorangehen. Mehr aber als dies fordert der
heutige Tag, er fordert einen größeren Sieg.

Der verstockte Sünder hat den Lohn seiner Selbstüberwindung in der Erreichung des Zieles klar
vor Augen, nicht so der gebrochene Sünder. Er

hat sich selbst aufgegeben, ihm fehlt die Kraft des
Vertrauens, er wähnt, wie vom Menschen, so auch von
Gott sich verstoßen, er sinkt und sinkt, bis die Wellen
über ihm zusammenschlagen. „Bin ich denn aus jener
Welt verstoßen," so spricht er, „so will ich die Freuden
dieser Welt genießen." Dieser Ausspruch ist eine
Giftpflanze, die der Trümmerhaufen eines gebrochenen
Menschendaseins, der Sumpf der Verzweiflung noch
hervorzubringen vermag. Aber das Judenthum hat
keine Anerkennung für die gänzliche Verlorenheit eines
Menschen, es hat für Alle die Pforten der Versöhnung
erschlossen; doch fordert es von dem Sünder den Sieg
über die Verzweiflung, es fordert von ihm den Sieg
des Glaubens: das Vertrauen auf die Versöhnung.
Wende dich an die Gnade Gottes, spricht die Religion
zu dem Verzweifelnden, und auch für dich hat Gott es
ausgesprochen: „Ich vergebe, so du nur ein Wort
zu mir sprichst."

Aber auch darin besteht unsere Leistung, durch die
wir der Versöhnung den Stempel der freien That
zu verleihen vermögen, daß wir das Verlangen nach
Versöhnung und den Glauben an sie offen
aussprechen.

Gott spricht: „Ich vergebe nach deinen Worten,"
das will uns bedeuten: Ich vergebe wenn du bekennst.
In dem rückhaltlosen Bekenntniß, darin äußert sich eben
das Verlangen und der Glaube. Wer da glaubt, daß
Gott ihm vergebe, warum sollte der verschlossen sein,
warum sollte der sein schuldbeladenes Herz nicht öffnen
wollen? So tritt denn heute nicht umsonst an uns

die Pflicht heran, unser Herz zu entsiegeln, und was wir verbrochen, was wir gefehlt, vor dem Herrn aufzudecken.

Freilich wohl bedarf der Allwissende unseres Be= kenntnisses nicht, er sieht ja doch in die geheimsten Falten unserer Brust, kennt unsere Gedanken, noch ehe sie in uns aufgestiegen sind, unsere Worte, noch ehe sie uns von den Lippen strömen. Allein, wenn es auch für Gott unseres Bekenntnisses nicht bedarf, so doch für uns. Wir sind so sehr an die Selbsttäuschung ge= wöhnt, daß uns die Wahrheit nur allzuleicht unter den Händen entschlüpft. Nur das Bekenntniß macht die Erkenntniß unserer Fehler zur wirklichen That. „Ich vergebe", spricht Gott, „so du offen und rückhaltslos dich aussprichst."

In solcher Weise erkennen wir die Versöhnung, mit der Gott der Herr uns alljährlich bedenkt, für ein Geschenk seiner Gnade, das uns ohne Vermittelung vom liebenden Vater zu Theil wird, und auch für mehr als dies: als eine Gabe, die wir erwerben können durch unsere eigene freie That. Amen.

Am Vorabend des Versöhnungstages.

Wir beugen tief uns nieder,
O Herr, vor Deiner Macht!
Du hast den Tag uns wieder,
Den heiligen, gebracht.
O laß' uns Gnade finden!
O schau' auf uns in Huld!
Ach tilge unf're Sünden,
Vergieb uns unf're Schuld!

Laß' unf'rer Bitte offen
Des Himmels Pforte sein:
Auf Dich ist unser Hoffen
Gerichtet, Herr allein.
Wie könnten wir bestehen,
Wenn Du nicht Gnade übst,
Wenn nicht auf unser Flehen
Die Sünden Du vergiebst!

Gebet am
Vorabend des Versöhnungstages.

Allmächtiger! Die Andacht meines Herzens möchte
ich offenbaren im Ausspruch meiner Lippen, alle meine
Gedanken möchte ich zu Tage rufen im inbrünstigen
Gebete.

Was soll ich sprechen vor Dir, Allmächtiger, Un=
faßbarer! Wie soll ich beginnen, wo soll ich enden!

Alle meine Worte reichen nicht hin für die An=
betung, die mein Herz Deiner Heiligkeit zollt; alle
meine Worte reichen nicht hin, meine Niedrigkeit zu be=
zeichnen, in der ich vor Dir stehe! Alle meine Worte
reichen nicht hin, den Wünschen meines Herzens Aus=
druck zu geben, die vor Dir ich offenbaren will, und
alle meine Worte reichen nicht hin, die Schuld zu be=
kennen, für die ich um Gnade flehe vor dem Throne
Deiner Herrlichkeit!

Anbeten will ich Dich, — das ist heute, an dem
großen, Dir geweiheten Tage mein Verlangen. Wer
ist heilig, wie Du, wer ist erhaben wie Du! Du bist
der Schöpfer aller Dinge, die Erde und der Himmel
sind das Werk Deiner Hand, und die Sonne und den
Mond und das zahllose Heer der Sterne hast Du ge=
schaffen. Du leitest alle Weltkörper in ihren Bahnen,
Du weißt auch, wann sie zu wandeln begonnen, und
wann ihr Ende sein wird. Mein Auge kann wohl
gen Himmel blicken, aber wie sollte ich sprechen: ich
überschaue den Himmel? Weiter als meine Gedanken

reichen, reicht die Ferne, in der immer neue Welten
Deiner Schöpferhand entrollen. Wo aber, wo ist der
Wohnsitz Deiner Herrlichkeit? O Gott, wie bist Du
so groß, so groß! Welcher Sterbliche kann so vermessen sein, zu sprechen: Ich kenne den Herrn! Und
betrachte ich Dir gegenüber mich, den Erdenbewohner,
ach, dann erscheine ich mir gleich dem Sandkorn unter
den Millionenmal Millionen am Ufer des Meeres; und
denke ich an die Zeit, die meinem Erdenleben bestimmt
ist, so erscheint sie mir flüchtig, wie der Schatten eines
Pfeiles, der über einen Fußbreit Landes dahinfliegt.
Was ist der Mensch, daß Du sein gedenkest,
der Erdensohn, daß Du dich seiner annimmst?

Und doch! o Herr! nimmst Du auch meiner
Dich an!

Du bist mir nahe und sorgst für mich, Du
kennst meine Lust und mein Leid, meine Freude und
meinen Schmerz, meine Bedürfnisse und meine Sehnsucht. Also bist Du mir nahe, wie der gotterfüllte
Sänger es ausspricht: Herr! Du erforschest mich
und weißt von mir, ich sitze, stehe auf, Dir
ist's bekannt, und was ich denke, prüfest Du
von ferne. Du hast mir Gang und Lager zugemessen und meine Wege alle angeführt. Bevor
ein Wort auf meiner Zunge schwebt, hast Du
es, Herr! schon ganz gewußt." Darum ist es keine
Vermessenheit, wenn ich mit den Wünschen meines
Herzens mich unmittelbar vor Dich zu stellen wage,
denn wie ein Vater sich seiner Kinder annimmt,

nimmst Du Dich der Menschen an. O Vater! zu Dir will ich beten. Du nur kannst mir Leben und Gesundheit schenken, Du nur kannst meine Seele bewahren von allen Gefahren, die ihr drohen durch des Herzens Gelüste und durch den Tand der Welt. Du nur kannst mich bewahren vor Betrübniß und Herzeleid, in Deiner Hand liegt es, daß nicht meine Arbeit eine fruchtlose, mein Bestreben ein unnützes, meine Hoffnung eine trügerische sei. Du nur kannst mich erleuchten mit dem Lichte der Wahrheit, daß meine Wege mich nicht durch Finsterniß und Thorheit, Irrglauben und Aberglauben führen. Du nur kannst mir den Muth verleihen, der Sünde zu trotzen, und die Kraft, die Leidenschaft zu überwältigen.

Und dies Alles kannst Du thun, und mögest Du thun ohne Rücksicht auf meine Würdigkeit. Denn wahrlich! nicht auf unser Verdienst können wir bauen, wenn wir auf Deine Liebe hoffen. Sündhaft ist der Mensch, und gerecht ist in Deinen Augen schon der, der mit seiner schwachen Kraft gegen die Macht des Lasters ankämpft.

O, auch ich kenne meine Fehler und Sünden. Ich will sie nicht zu beschönigen suchen mit der Ausflucht, es sei alles menschliche Schwäche. Ich weiß es wohl, daß ich nicht immer genügend bemüht war, alle meine Kräfte zu meiner Besserung anzuwenden. Ich habe nicht immer Gott vor Augen und im Herzen gehabt, und nur allzu oft so gehandelt, als ob der Genuß irdischen Wohlseins und das Vergnügen das Ziel des menschlichen Lebens wären. In mancher Stunde des

letztverlebten Jahres bin ich wider beſſeres Wiſſen
rückwärts geſchritten und nicht vorwärts in der Veredlung meines Geiſtes, weil ich den Leidenſchaften
freien Lauf gelaſſen, die mich nicht fördern konnten. Oft
auch habe ich meine wahre Aufgabe verkannt, nützlich
zu ſein auf Erden, und habe der Eigenliebe und der
Eitelkeit gedient. O, mein Gott wo ſoll ich enden,
wenn ich die Menge meiner Verſchuldungen zu zählen
beginne?

Darum iſt mir aber auch der heutige Tag heilig
und lieb und werth, darum erkenne ich in ihm eine der
herrlichſten Wohlthaten, mit welchen Du Dein Volk
Israel bedacht haſt, weil der Verſöhnungstag erſcheint wie
ein ernſter, aber lieber und tröſtender Freund, der zu
uns ſpricht: „Bange nicht, Menſch, und zage nicht!
du biſt um deiner Sünden willen nicht von Gott ver-
ſtoßen! Er will dich aufrichten, er will dich neu beleben, er will dich reinigen von aller Schuld und verlangt nichts weiter von dir als wahrhafte Reue und
Beſſerung.“ Wie ſollte ich nicht mit Freuden dieſe
Wohlthat anerkennen, und all' mein Sinnen darauf
richten, ihrer ganz theilhaft zu werden! Ich will mich
nicht meiner Sünden entledigen, um neue zu begehen,
ſondern ich will wahren und bleibenden Gewinn ziehen
aus der hohen Bedeutung dieſes Tages.

Darin ſoll meine andächtige Erhebung beſtehen,
daß ich dankend und preiſend Dir nahe, Du Ehrfurchtbarer! daß ich meine Bitten und alles, was mein Herz
beſchwert, vor Dir ausſpreche, daß ich mich ſelbſt prüfe
und meine Sünden bekenne und Reue und Beſſerung

aufrichtigen Sinnes Dir angelobe, auf daß ich am
nächsten Versöhnungstage — der mir und uns Allen
herankommen möge zum Heile — mit freudigem Herzen
zurückblicken könne auf ein im Dienste Gottes, im
Dienste der Religion und Tugend, verlebtes Jahr. Also
sei es Dein Wille, Allmächtiger! Amen!

* * *

אָבִינוּ מַלְכֵּנוּ

Owinu malkenu.

(Dieses Gebet wird am Sabbathe nicht gesprochen.)

* * *

Herr und Vater! Wir haben gesündigt vor Dir.

H. u. B.! Du bist allein der Herr, auf den wir vertrauen.

H. u. B.! Uebe Gnade an uns zur Verherrlichung
Deines Namens.

H. u. B.! Laß' das neue Jahr zum Glück und Heil
uns herankommen.

H. u. B.! Halte fern von uns jedes schwere Verhängniß.

H. u. B.! Vernichte die Rathschläge unserer Feinde, die
sie gegen uns gerichtet.

H. u. B.! Halte fern von uns Pest, Krieg und Hungersnoth. Laß' die Deinen nicht in die Gewalt der
Unterdrückung und des Verderbens fallen.

H. u. B.! Behüte uns vor gefährlicher Krankheit.

Herr und Vater! Verzeihe uns und vergieb uns unsere
Sünden.

H. u. V.! Laß' in vollständiger Buße uns zu Dir
zurückkehren.

H. u. V.! Sende vollkommene Heilung allen unseren
Kranken.

H. u. V.! Gedenke unser mit Wohlwollen und Gnade.

H. u. V.! Bestimme für uns ein Leben ohne Unglück.

H. u. V.! Bestimme für uns Heil und Erlösung.

H. u. V.! Bestimme für uns, daß Noth und Mangel
uns fern bleiben.

H. u. V.! Möge es Deine Bestimmung sein, daß auch
wir verdienstlich leben.

H. u. V.! Möge es Deine Bestimmung sein, daß Fehl
und Unrecht uns verziehen werde.

H. u. V.! Laß' das Heil der Menschen wachsen und
zunehmen

H. u. V.! Erhebe Israel zu seiner wahren Größe und
zur Erkenntniß seiner Bedeutung.

H. u. V.! Laß' Dein Reich auf Erden immer mehr
und mehr sich erweitern.

H. u. V.! Fülle unsere Hand mit Deinen Segnungen.

H. u. V.! Höre unsere Stimme und erbarme Dich
über uns.

H. u. V.! Nimm unser Gebet in Gnaden auf.

H. u. V.! Oeffne die Pforten des Himmels unserm
Flehen.

H. u. V.! Gedenke, daß wir nur Staub sind.

H. u. V.! Laß' uns nicht leer zurückkehren, da wir
gebetet vor Deinem Angesicht

Herr und Vater! Laß' diese Stunde sein eine Stunde
  der Barmherzigkeit, eine Zeit der Gnade vor Dir

H. u. V.! Erbarme Dich über unsere unmündigen
  Kinder.

H. u. V.! Gedenke uns des Verdienstes der Frommen,
  unserer Vorfahren, die in den Tod gegangen sind
  um des Glaubens willen, die standhaft ihr Leben
  geopfert haben für das Bekenntniß Deiner Einheit.

H. u. V.! Laß auch ferner Deinen Namen durch uns
  geheiligt und verbreitet werden.

H. u. V.! Nicht unserem Verdienste vertrauen wir,
  sondern Deiner Gnade. Amen!

Morgengebet am Versöhnungstage.

(Vorher Nischmath, Seite 17.)

O Herr! öffne meine Lippen, daß mein Mund
Deinen Ruhm verkünde.

Gelobt seist Du, Ewiger, unser Gott und Gott
unserer Väter, Gott Abrahams, Isaaks und Jakobs!
Du bist der Allmächtige, der Erhabene, der Ehrfurcht=
bare. Du bist der Vergelter aller guten Thaten, Du
bist es, dem alles angehört, und der auch der Frömmig=
keit der Väter gedenket, um zu vergelten den Kindern
um seines Namens willen in Liebe.

O gedenke unser zum Leben, Du, König, der
da Wohlgefallen hat am Leben, und schreibe uns ein in
das Buch des Lebens.

König, Beistand, Retter und Schirm bist Du! Gelobt seist Du, Ewiger, Schild Abrahams.

Du bist mächtig in Ewigkeit, o Herr! Du belebest die Todten und ernährest die Lebendigen, Du stützest die Fallenden, heilest die Kranken, erlösest die Gefesselten. Wer ist Dir gleich, Herr aller Mächte! wer kann mit Dir sich messen! Du tödtest, Du belebest, von Dir kommt alles Heil.

Wer ist wie Du, Vater der Barmherzigkeit! Du gedenkest in Gnade aller Deiner Geschöpfe, von Dir kommt ihr Leben.

Heilig bist Du, und heilig ist Dein Name, und allen Frommen gebührt es, Dich täglich zu loben.

O, so möge denn auch die Zeit immer näher kommen, daß Dich, den Ewigen, unseren Gott, alle Deine Geschöpfe in Ehrfurcht preisen, daß alle Menschen auf der Erde erfüllt werden von dem Bewußtsein Deiner Erhabenheit, daß alle einmüthig vor Dir sich beugen, daß alle in einem Bunde sich vereinigen, um mit freudigem Herzen Deinen Willen zu üben; daß sie es erkennen, so wie wir es wissen, daß Dein allein die Herrschaft ist, alle Macht nur in Deiner Hand, alle Stärke nur in Deiner Rechten, und daß Dein Name allein würd'g ist, der Inbegriff aller Ehrfurcht zu sein für alle Geschöpfe der Erde.

Und so möge es auch zur Ehre Deines Volkes anerkannt werden, daß sein Glauben die Wahrheit ist. Das sei der Ruhm Deiner Verehrer, die Hoffnung derer, die Dich suchen. Das freimüthige Wort derer, die auf Dich harren, sei immerdar die Rede: „Einst

8

wird der Herr das Licht der Wahrheit leuchten lassen über die ganze Welt." O thue es bald! O thue es bald!

Bringe näher die Zeiten des Heiles vor unseren Augen, so daß die Gerechten es sehen und dessen sich freuen, die Redlichen jauchzen, die Frommen in Jubel ausbrechen, wenn das Laster verstummt, die Bosheit wie Rauch vergeht und die Herrschaft des Uebermuthes schwindet von der Erde.

Dann wird der Glauben an Dich allein die Welt regieren, dann wird erfüllt Dein heiliges Wort:

„Der Herr allein regiert die Welt, dein Gott ist's, der Gott, auf Zion, angebetet, von Geschlecht zu Geschlecht, Hallelujah!

O, Ewiger! unser Gott! laß diesen Tag der Versöhnung uns zum Heile werden, auf daß wir entsündigt werden von allen unseren Vergehungen.

Laß' an dem heutigen Tage vor Dir aufsteigen das Andenken an uns, die Betenden, auch das Andenken an unsere Väter, die vor Dir gewandelt sind, auch das Andenken an den Erlöser, den Du Deinem Volke verheißen, auch das Andenken an Jerusalem, Deine heilige Stadt, auch das Andenken an das ganze Volk Israel, dem Du ein treuer Hüter gewesen bist auf seinem Wandel durch die Zeiten, damit Du am heutigen Tage der Versöhnung unser gedenkest in Milde und Barmherzigkeit, zum Glücke und zur Rettung, zum Leben und zum Wohlsein.

O, gedenke unser heut zum Glücke!

Erinnere dich unser zum Segen!

Steh' uns bei, auf daß wir leben!

Denn auf Dich sind unsere Augen gerichtet, Du
bist Gott Du bist König, Du bist der Allgütige.

Unser Gott, und unserer Väter Gott! Vergieb
unsere Sünden an diesem Versöhnungstage und lasse
unsere Missethaten aus Deinen Augen schwinden, wie
Du verheißen hast: „Ich, ich bin es, der ablöscht
deine Missethaten um meinetwillen, und deiner
Vergehungen gedenke ich nicht," und wie es ferner
heißt: „Ich habe abgelöscht wie Gewölk deine
Missethaten und wie Wolkendunst deine Ver=
gehungen. Kehre zurück zu mir, denn ich habe
dich erlöset," und wie es ferner heißt: „Denn
an diesem Tage entsühnt er euch, um euch zu
reinigen; von allen euren Sünden vor dem
Ewigen sollt ihr rein sein."

Reinige unser Herz, daß wir mit Eifer und in
Wahrheit Dir dienen. Du bist es ja, der sein Wohl=
wollen nicht ablenkt von den Stämmen Jeschuruns,
bis an das Ende der Zeiten. An wen sollten wir uns
auch wenden, da nur Du unser König bist, der uns
begnadigen kann. Alljährlich läßt Du unsere Schuld
dahinschwinden. So liebst Du Dein Volk Israel, und
darum auch schenktest Du uns den Versöhnungstag.

Nimm auch unsern Dank, o Gott und Gott unserer
Vorfahren, für das Leben, das Du bis heute uns
bewahrt, für die Wohlthaten, die Du bis heute uns
erwiesen. Alles, was Du für uns thust, ist groß und
wunderbar, wir könnten nicht genügend Dir danken,
wollten wir auch täglich vom Morgen bis an den

Abend Dich rühmen. Ohne Ende ist Deine Güte, und
Deine Liebe hat keine Grenzen.

O Herr! Laß' unsere Bitte vor Dich kommen,
wenn wir gleich auf unser Recht nicht bauen können:
wir wissen gar wohl, wie vielfach wir gesündigt haben.

Wir sind abgewichen von Deiner Lehre und von Deinen
Vorschriften, die so heilsam für uns sind, Du freilich
bist gerecht, wir aber stehen beschämt als Sünder vor Dir.

Was sollen wir sprechen vor Dir? Du wohnest
in der Höhe und überschauest das All. Was sollen wir
Dir mittheilen? Dein Thron ist über den Wolken.
Nur vor uns giebt es Geheimes und Offenbares, Dir
aber ist Alles, Alles bekannt.

Du kennst die Geheimnisse der Welt und kennst
sie seit Ewigkeit, und ebenso die Verborgenheit, in der
das kleinste Wesen lebt, Du durchforschest die geheimsten
Gedanken unserer Brust, Nichts ist Dir unsichtbar,
kein Verbergen giebt es vor dem Auge Deiner
Allwissenheit.

O Herr! darum kennst Du auch mich, mein ganzes
Wesen, mein ganzes Leben und meine Fehler und
Sünden. Ich aber flehe Dich an, o vergieb! verzeihe
und gewähre mir Versöhnung!

O Herr! wie könnte ich denn Dir zu nahe
treten, wie könnte ich Dich beleidigen durch meine Sünde,
nur mir, meiner Veredlung und dem Heile meiner
Seele kann ich schaden, denn ob ich gleich geboren bin,
bin ich immer noch ein Nichts. Staub bin ich bei
meinem Leben, um wie viel mehr nach meinem Tode,
wenn ich nicht die Seligkeit des ewigen Lebens mir

erwerbe. Beſchämt und vernichtet ſtehe ich vor Dir,
wenn ich die Geringfügigkeit meiner Tugend mir
bedenke. O, Herr! laß' meinen Willen erſtarken, daß
ich fortan die Sünde meide, und was ich bis jetzt
verſchuldet, das laſſ' vergeſſen ſein vor Dir. Reinige
mich und läutere mich durch Deine Gnade und Verzeihung, aber, o Herr! nicht durch Prüfungen und
Strafgerichte.

Verzeichne zum glücklichen Leben alle Kinder
Deines Bundes.

Verzeichne uns heut, uns und das ganze Haus
Israels, in's Buch des Friedens, der Nahrung und des
Wohlſeins.

Bewahre unſere Zunge vor trüglicher Rede und
unſer Gemüth vor Hochmuth; ſegne uns mit einem
willigen Herzen und einem eifrigen Geiſte zur Erfüllung
unſrer Pflichten, und nimm wohlgefällig auf die Worte
meines Mundes und die Gedanken meines Herzens,
Du, mein Fels und mein Erlöſer! Amen.

Sünden-Bekenntniss.

Herr und Vater! Du haſt den heiligen Verſöhnungstag für uns eingeſetzt, daß wir das Heil unſerer
Seele, die Vergebung unſerer Sünden von Dir er-
langen. Wohl weiß ich es, daß ich keine Verſöhnung

für mich herbeiführen kann ohne Reue und Besserung.
Darum ist dieser Tag für mich eine Zeit der Selbst=
prüfung und des eifrigen Forschens nach dem Zustande
meines innersten Wesens. So laß' mich denn reuevoll
das Bekenntniß meiner Sünden vor Dir aussprechen.

Was könnte es mir auch nützen, wenn ich sie
verbergen oder auch nur das offene Eingeständniß
derselben unterdrücken wollte! Ist Dir ja doch das
Geheimste offenbar. Du schauest den verborgensten
Zusammenhang aller Dinge im Weltall, und ebenso
geöffnet vor Dir sind die Kammern meines Herzens,
meine Thaten alle und alle meine Gedanken.

Herr und Vater, ich habe gesündigt gegen Dich.
Ich habe die falschen Vorstellungen von Dir nicht in
dem Maße aus meiner Seele verbannt, als ich es
wohl vermocht hätte, wenn ich mit Eifer jede Ge=
legenheit gesucht hätte, Belehrung zu empfangen, um
den Glauben zu befestigen und mich vom Aberglauben
zu entfernen.

Ich habe nicht Dir allein gedient: habe mich des Götzen=
dienstes schuldig gemacht, wenngleich ich nicht gebetet
vor Holz oder Stein, denn oft habe ich mein Knie
gebeugt vor dem Unwürdigen, um die Gunst der
Menschen mir zu erkaufen, oft habe ich auch ein
Opfer dargebracht auf dem Altar des Genusses, das
Dir nicht wohlgefällig war.

Ich habe nicht Dir allein vertraut und nicht Dir
über Alles vertraut; denn ich gründete mein Hoffen
oft einzig auf die Hilfe der Menschen und noch
öfter auf meine eigene Einsicht.

Ich habe Deine Liebe nicht anerkannt, denn ich habe
Deine Gaben genoſſen, ohne an Dich zu denken und
Dir zu danken.

Ich habe Deinen Namen nicht heilig gehalten, ſondern
ihn leichtfertig und unnöthig ausgeſprochen, und ſo
die Ehrfurcht gegen Dich verletzt.

Ich habe den Sabbath nicht immer geheiligt, und oft
verſäumt, ihn anzuwenden zur inbrünſtigen Erhebung
zu Dir im Gebete.

Ich habe Zeiten, die Dir geweiht ſein ſollen, zu welt=
lichen Geſchäften verwandt, weil ich mich freuete an
der Frucht meiner Arbeit und ſie nicht betrachtete
als ein Geſchenk Deiner Gnade.

Herr und Vater! ich habe auch geſündigt gegen
meine Nebenmenſchen.

Ich habe oft gefehlt in der Ehrfurcht gegen meine Eltern.

Ich habe oft die Gefühle der Dankbarkeit verleugnet
gegen die, die mir wohlgethan.

(Ich bin meinen jüngeren Geſchwiſtern nicht immer ein
würdiges Vorbild geweſen.)

Ich habe mich aufgelehnt gegen die, die ein Recht auf
meinen Gehorſam haben.

Ich habe die Geſetze der Obrigkeit verletzt und nicht
beherzigt, daß das Heil Aller gegründet iſt auf den
guten Willen Aller, die Ordnung der menſchlichen
Geſellſchaft zu hüten.

Ich habe mich verſündigt am Leben meines Nächſten,
weil ich ihn nicht gewarnt, wo Gefahr ihm drohte,
ſo daß er einen Schaden genommen, den ich hätte
verhüten können.

Ich habe oft unvorsichtig zerstört, was meinem Nächsten Freude gemacht hat.

Ich habe mich hart abgewandt von dem Hungrigen.

Ich habe dem Leidenden meine Hilfe versagt.

Ich habe die, welche mir um Lohn dienten, mit Arbeit überbürdet und ihre Schwäche nicht geschont.

Ich war mitleidslos, vielleicht auch grausam gegen Thiere.

Ich habe Sitte und Unschuld nicht immer in meinen Gedanken bewahrt.

Ich habe durch leichtfertige Reden die Unschuld beleidigt.

Ich habe eingestimmt in den Scherz, der die Sitte verletzt.

Ich habe das Eigenthum meines Nächsten nicht geachtet und im Eigennutz sein Recht vergessen.

Ich habe meinen Vortheil auch da gesucht, wo er den Nachtheil eines Andern herbeiführte.

Ich habe dem Arbeiter seinen Lohn verkürzt und über die Gebühr ihn darauf warten lassen.

Ich habe meinen Nächsten beleidigt und durch Wort und That gekränkt.

Ich habe hart geurtheilt über die Handlungen anderer Menschen.

Ich habe durch üble Nachrede ihrem guten Namen geschadet.

Ich habe Lästerungen gleichgültig oder wohlgefällig angehört und nicht zurückgewiesen.

Ich bin durch Uebertreibung der Fehler Anderer abgewichen von der Wahrheit.

Ich habe nicht Rücksicht geübt mit ihren Schwächen.

Ich habe auch ihren Thaten oft falsche Beweggründe
unterstellt und so den Schuldlosen verdächtigt.

Herr und Vater! ich habe auch gesündigt gegen
mich selbst.

Ich war zu selten bestrebt, meine Gedanken und meine
Sitten zu veredeln.

Ich habe mein Herz nicht rein gehalten vom Neide.

Ich habe Genüge gefunden an meiner eigenen Mittel-
mäßigkeit.

Ich habe dennoch der Zufriedenheit zu selten Raum
gegeben in meinen Empfindungen.

Ich habe oft die Stimme der Weisheit überhört und
die Gesetze der Mäßigkeit nicht geachtet.

Ich habe zu viel nach irdischen Gütern gestrebt und
das Heil meist in ihrem Besitze gesucht.

Herr und Vater! alles dies habe ich gethan und
noch viel darüber:

Meine Wahrheitsliebe war zu gering, meine Treue zu
wankelmüthig, mein Mitleid zu selten und zu unthätig;
meine Ordnungsliebe zu lau, mein Fleiß war oft ohne
Ausdauer, meine Mühe ohne Beharrlichkeit.

So habe ich selbst das Recht nur unvollständig geübt
und auch vom Unrechten habe ich zu wenig mich
fern gehalten.

Ich habe heuchlerisches Lob mit Wohlgefallen aufgenommen, habe der Schmeichelei mein Ohr geneigt,
ich habe den Tadel gehaßt, ich habe meine Fähigkeiten überschätzt, meine Ansprüche zu hoch gestellt,
meine Ehre oft zu gering gehalten; ich habe meine

Bequemlichkeit zu sehr geliebt und meine Pflichten zu wenig.

Ach! ich könnte noch lange nicht enden, wäre ich im Stande, meiner Fehler große Zahl vor Dir zu be= kennen. Je tiefer ich in mein Inneres schaue, desto tiefer wird vor meinem Blicke der Abgrund meiner Sündhaftigkeit. Ich könnte auf Deine Milde, Allbarm= herziger, nicht hoffen, wolltest Du mir vergelten nach Gerechtigkeit. Du aber wirst mich richten nach Deiner unendlichen Gnade. Wo ist ein Mensch, der fehlerlos vor Deinem Angesichte erschienen, denn: es giebt ja keinen Gerechten auf Erden, der nur das Gute thut und nicht sündigt.

Darum, Herr und Vater, nimm das Bekenntniß meiner Sünden wohlgefällig auf und schreibe mich in das Buch der Versöhnung und Vergebung.

Laß' mich immer erfüllt sein von dem Streben, weiser und besser zu werden. Halte fern von mir die Versuchung, und wo sie mir dennoch entgegentritt, da gieb mir Einsicht, sie zu erkennen und Kraft, ihr zu widerstehen.

Das ist mein Gebet, das ist mein Hoffen, das ist mein Vertrauen zu Dir, der Du den heutigen heiligen und ehrfurchtbaren Tag bestimmt hast, daß er ein Versöhnungstag für uns sei, denn Du hast es in Deiner heiligen Lehre ausgesprochen: An diesem Tage will ich euch versöhnen, euch zu reinigen; von euren Sünden, sollt ihr vor dem Herrn rein sein. Amen.

Beim Herausheben der Thora am Versöhnungstage.

O Ewiger! Ewiger! Barmherziger Gott! Du bist der Allgnädige, langmüthig und von unbegrenzter Huld- und Treue, der seine Gnade bewahret bis in's tausendste Geschlecht, der Missethat, Abfall und Sünde vergiebt und den Uebelthäter losspricht.

(Dreimal.)

Herr des Weltalls! O erfülle die Wünsche meines Herzens, so sie zu meinem Heile gereichen; willfahre meinem Verlangen und erhöre meine Bitte: Vergieb erbarmungsvoll alle meine Missethaten und vergieb Fehl und Sünde allen, die mir nahe stehen und die ich in mein Gebet einschließe. Laß' Deine Verzeihung walten über uns aus Gnade und Barmherzigkeit; laß' uns rein sein von Sünde und Vergehen. Gedenke heute unser mit Wohlgefallen, erinnere Dich unser zu unserm Heile. Schenke uns ein glückliches Leben, gewähre uns Frieden, Nahrung, Zufriedenheit, und sorgenfreie Befriedigung der Bedürfnisse des Lebens. Laß' es uns nimmer fehlen an Brot und Kleid. Beglücke uns mit Wohlstand und Ansehen und Lebensfreude, damit es uns vergönnt sei, diese Güter anzuwenden zu Werken der Tugend, schenke uns Leben und Gesundheit, damit wir noch lange zu wandeln vermögen in den Wegen

Deiner Lehre.   Gieb uns Weisheit und Einsicht, daß
es uns mehr und mehr gelinge, einzudringen in den
Plan Deiner Weltregierung.   Befreie uns von den
Leiden, die uns drücken und segne die Thaten unserer
Hände.   Verhänge über uns Glück, Heil und Trost.
Vernichte die Gefahren, die uns drohen, ob sie uns
bekannt oder unbekannt sind.   Wende immerdar das
Herz unseres erhabenen Regenten zum Wohlwollen, daß
nie wieder über Israel hereinbrechen die Tage des Druckes
und der Erniedrigung.   Also sei es wohlgefällig vor
Dir, barmherziger Vater, Herr des Weltalls.   Amen!

שְׁמַע יִשְׂרָאֵל יְהֹוָה אֱלֹהֵינוּ יְהֹוָה אֶחָד.

Gebet zu Mussaph am Versöhnungstage.

Was können wir denn thun, Herr und Vater, um
der Gnade würdig zu sein, um die wir Dich anflehen.
Der sichtbare Wohnsitz Deiner Herrlichkeit, der heilige
Tempel zu Jerusalem, ist nicht mehr das Ziel unserer
Wallfahrt; der Hohepriester betritt nicht mehr das
Allerheiligste und sprengt nicht mehr das Blut der
Entsündigung an die Wände des Altars.   Der Sünden=
bock wird nicht mehr, beladen mit der Schuld des
Volkes Israel, in die Wüste gesandt, und die Flammen
des Opfers lodern nicht mehr auf dem Altare.

Wohl weiß ich es, Herr und Vater, daß Du das alles heute nicht von uns begehrst, und daß Du darum selbst in Deiner erhabenen Majestät nicht aufgehört hast in der Mitte der Deinen zu thronen, wo sie zu Deinem Dienste sich versammeln an allen Enden der Erde. Du selbst hast es ausgesprochen: „Und ich werde gedenken des Bundes, den ich mit ihren Vorfahren geschlossen, welche ich aus Aegypten geführt habe vor den Augen aller Völker, ihnen ein Gott zu sein, ich, der Ewige." Du selbst hast uns die Versicherung gegeben: „Auch alsdann, wenn sie sein werden im Lande ihrer Feinde, werde ich sie nicht verwerfen und verstoßen, sie nicht vergehen lassen, so daß ich meinen Bund mit ihnen zerstöre, denn ich bin der Ewige, ihr Gott." Auch für uns gilt das Wort, das Du durch Deinen Propheten verheißen: „Wenn eure Sünden auch wie Purpur sind, weiß wie Schnee sollen sie werden."

Und so weiß ich es, daß Du auch uns die Mittel gegeben hast, Deine Gnade zu erwerben. Auch uns ist es nicht versagt, Dir Opfer zu bringen, die Dir wohlgefällig sind. Wenn wir in aufrichtiger Buße unsere Sünden bereuen und Dir geloben, mit allen unseren Kräften die Versuchungen zu bekämpfen und die Fehler zu meiden, wenn wir in inbrünstigem Gebete zu Dir uns wenden allezeit, und wenn wir, eingedenk Deiner unendlichen Güte und Barmherzigkeit, wiederum gütig und hilfreich sind gegen unsere Nebenmenschen, so oft sie unseres Beistandes bedürfen: das alles, Herr,

ift wohlgefällig aufgenommen in Deinen Augen, das
steigt auf zum Throne Deiner Herrlichkeit wie der
liebliche Duft des Weihrauchs vom Altare. Amen.

Unsere Opfer.

Wenn auch nicht mehr der Opferduft
Entsteiget den Altären,
Wir können Opferfreudigkeit
Dir dennoch, Herr, bewähren:
Des Herzens sündige Begier,
Die bringen wir zum Opfer Dir.
O Herr, lass' von uns allen
Solch' Opfer Dir gefallen!

Und kann der Priester nicht für uns
Das Heiligthum betreten,
Wir können selbst im Heiligthum
Zu uns'rem Schöpfer beten.
Im Gotteshaus mit Lobgesang
Bekunden wir des Herzens Drang.
O Herr, lass' von uns allen
Solch' Opfer Dir gefallen!

Und können wir zum Opferthier
Auch keine Gaben spenden,
Auf daß wir unsere Sündenlast
Zum Wüstenfelsen senden.
Wir wollen uns're Gaben weih'n
Dem Dürftigen ein Trost zu sein.
O Herr, lass' von uns allen
Solch' Opfer Dir gefallen.

Das können nur die Opfer ſein,
Die wir zu bringen haben:
Die wahre Buße, das Gebet
Und milde Liebesgaben.
So ſuchen wir des Schöpfers Huld,
So ſühnen wir der Sünde Schuld.
O Herr, laſſ' von uns allen
Solch' Opfer Dir gefallen!

וּנְתַנֶּה תֹּקֶף

Unſanne lokeſſ.

Erwäge nun, mein Geiſt, die Heiligkeit
Des Tages heut, erwäge ſeine Größe!
Denn mächtig iſt er, furchtbar und erhaben.
Heut thuſt Du, Herr! uns Deine Herrſchaft kund:
Der Weltregierung Herrſcherſtuhl errichtet
Haſt Du vor uns, auf Gnade ihn begründet
Und throneſt d'rauf im Himmelsglanz der Wahrheit.
Ja, Wahrheit iſt's, daß Du ein Richter biſt,
Der nimmer irren kann; Allwiſſenheit
Macht Dich zugleich zum Geber des Geſetzes,
Zum Zeugen und zum unfehlbaren Richter.

Geſchrieben und gezählt von Deiner Hand,
Beſiegelt auch ſind alle unſ're Thaten, —
Die wir vergeſſen, ſind von Dir gedacht.
Heut ſchlägſt das Buch Du der Erinn'rung auf,
Und ſiehe! Alles deutlich d'rin zu leſen,

Als wär's von uns'rer eigenen Hand verzeichnet,
Da tönet mächtig der Posaune Schall,
Und sie verhallt in feierlicher Stille,
Und zitternd eilt herbei der Engel Schaar,
Sie laden zum Gericht und rufen aus:
„Erschienen nun ist des Gerichtes Tag!
Herbei, ihr Himmelsscharen! eilt herbei!"
Denn sie auch sind nicht fehlerlos vor Dir.

Und die Geschöpfe alle zieh'n vorüber
Vor Deinem Angesichte, wie eine Heerde.
So wie der Hirte, musternd seine Schafe,
Sie läßt dahinzieh'n unter seinem Stabe,
So musterst Du, so leitest Du und zählest
Die Seelen der Lebend'gen, alle, alle;
Das Ziel bestimmst Du jedem Deiner Wesen,
Verzeichnest ihr Gericht, wie Du's verhängst.

Am Neujahrstage, da wird's aufgeschrieben
Und am Versöhnungstage wird's beschlossen:
Wie viel der Wesen aus dem Leben scheiden,
Wie viel zur Welt gerufen werden sollen,
Wer leben soll und wer zum Tode eingeh'n,
Wer da sein Ziel erreichen, wer verfehlen.
Und wen die rohen Kräfte der Natur,
Wen Schwert und Krankheit oder Hungersnoth
Als ihre Beute sich erwählen werden,
Und wessen Antheil wird der Frieden sein.
Wer unstät irren müsse durch das Leben,
Wer Freudigkeit, wer Trübsal finden soll,

Wer wandeln ſoll im Segen oder Mangel,
Und wer erniedrigt, wer erhöhet werde;

aber

Reue, Gebet und Liebeswerke

laſſen das böſe Verhängniß vorübergehen.

Denn wie Dein Name, ſo iſt auch Dein Ruhm,
Biſt ſchwer erzürnt und leicht geneigt zur Milde,
Du willſt nicht, daß der Todesſchuld'ge ſterbe,
Du willſt, daß er bereue, daß er lebe,
Du harrſt auf ihn bis auf den Tag des Todes
Und nimmſt ihn auf, ſo er zu Dir ſich wendet.

Fürwahr! Du biſt der Schöpfer aller Menſchen,
Kennſt ihre Triebe, — ſie ſind Fleiſch und Blut. —
Der Menſch iſt Staub und kehrt zurück zum Staube,
Wenn mühſam er das Leben hingebracht.
Er iſt zerbrechlich, gleich dem ird'nen Scherben,
Dem dürren Graſe gleich, der welken Blüthe,
Dem Schatten gleich, der ſtumm vorüberzieht,
Der Wolke gleich, die ſich als Nebel löſet.
Wie Wind dahingeht, wie der Staub verfliegt,
So fliegt er hin, vergänglich wie ein Traum.

Du aber biſt König, Gott, der Lebendige, der Beſtehende in Ewigkeit!

סֵדֶר עֲבוֹדָה

Der Hohepriester am Versöhnungsfeste.

Glanzvoll und weihevoll, prächtig und erhebend war die
Feier des Versöhnungstages in jenen Zeiten, da der Hohe=
priester noch seinen heiligen Dienst im Tempel zu Jerusalem
verrichtete. Der Opferdienst des Hohenpriesters am Ver=
söhnungstage bot dem in Andacht und feierlicher Stimmung
erregten Volke das sichtbare Kennzeichen der Entsündigung
dar. Der Hohepriester war der Größe seiner Aufgabe sich
bewußt und alle Voranstalten zur würdigen Lösung derselben
entsprachen der hohen Heiligkeit des Tages.

Entsprossen aus dem Hause Aharons, und durch diese seine
Abstammung zum Priesteramte befähigt, sollte dennoch zu dem
Vorzuge seiner Geburt der seiner eigenen Würdigkeit sich ge=
sellen. Darum unterzog er sich gern allen Förmlichkeiten, die
darauf abzielten, ihn zur Weihe des Tages vorzubereiten.

Sieben Tage vor dem Versöhnungstage sonderten die
Aeltesten den Hohenpriester von den übrigen ab, wie einst
Aharon bei seiner Weihe. Man besprengte ihn mit dem
Wasser der Entsündigung, dann machte er selbst die Sprengungen
und Räucherungen und übte sich auf's Beste in allen Ver=
richtungen seines Dienstes.

Alte, angesehene und weise Männer bildeten ausschließlich
seine Umgebung und füllten seine Zeit mit Belehrungen und
Ermahnungen aus. Am neunten Tage des Monats Tischri
wurden die für den Sühnetag bestimmten stattlichen Opfer=
tiere an ihm vorübergeführt. Um die Zeit des Sonnenunter=
ganges durfte er nur spärliche Speise zu sich nehmen, und die
Greise seines Stammes beschäftigten ihn mit Unterweisungen
und lehrreichen Gesprächen, um ihn bis Mitternacht wach zu
erhalten. Alsbann beeilten sich die Priester, die Asche vom
Opferaltar und vom goldenen abzuräumen, um welche Ver=
richtung viermal geloost wurde.

Sobald der Späher auf der Warte den Anbruch des Morgens verkündete, spannten sie eine Byssusdecke aus, um den Priester zu bergen. Er entkleidete sich, badete, legte die Goldgewänder an, wusch Hände und Füße und schlachtete das tägliche Morgenopfer, fing das Blut auf und sprengte es.

Nachdem er das ganze tägliche Opferwerk vollbracht hatte, wurde abermals eine Byssusdecke vor ihm ausgespannt. In einem besonderen Gemache im Heiligthum, der Kammer des Parwah, nahm er abermals Bad und Waschungen vor und bekleidete sich mit kostbaren weißen Gewändern von Pelusischem Byssus. Er trat alsdann hervor, legte seine Hand auf den bereitstehenden Opferfarren, bekannte seine Sünden und sprach:

„O, mein Gott!" Ich habe gesündigt, gefehlt, gefrevelt vor Dir, ich und mein Haus. O, bei Deinem heiligen Namen rufe ich: Vergieb die Sünden, Fehle und Frevel, durch die ich gesündigt, gefehlt und gefrevelt habe vor Dir, ich und mein Haus, wie geschrieben steht in der Lehre Moses, Deines Knechtes, aus dem Munde Deiner Herrlichkeit: „Denn an diesem Tage wird er euch sühnen, euch zu reinigen von euren Sünden vor dem **Ewigen**".

Der Priester aber und das Volk, das in der Vorhalle stand, wenn sie vernahmen den ehrwürdigen und erhabenen Gottesnamen, wie er klar und deutlich gesprochen aus dem Munde des Hohenpriesters kam in Weihe und Reinheit, knieten nieder und bückten sich, bekannten ihn und fielen auf ihr Angesicht und sprachen: „Gelobt sei der Name seines herrlichen Reiches in Ewigkeit".

Und auch er (der Hohepriester) wußte es also einzurichten, daß er den Namen des Ewigen aussprach im Augenblicke der Benedeiung*) und fügte alsdann hinzu: „sollt ihr rein sein". Du aber, Gott in Deiner Huld, ließest Deine Barmherzigkeit rege werden und gabst Verzeihung deinem Frommen.

Alsbann schritt der Priester an die Morgenseite der Vorhalle. Dort standen die beiden, durch Gestalt und Aehnlichkeit

---

*) Absatz 3, Schluß.

gepaarten Opferböcke, die zum eigentlichen Entsündigungs=
opfer am Versöhnungstage bestimmt waren. Dieselben waren
aus den Mitteln der Gemeinde angeschafft. Der Priester
nahete ihnen, um mit ihnen zu verfahren, wie es im Gesetze
des Herrn (3. Buch Mose, Cap. 16) vorgeschrieben ist. Er
zog das Loos und verkündete laut nach demselben die Be=
stimmung der beiden Böcke, welcher von ihnen zum Sünd=
opfer dargebracht, und welcher nach der Wüste gesandt werden
sollte, kehrte alsdann zu seinem Opferfarren zurück, bekannte
abermals seine Sünden vor Gott und die seines Stammes,
und Volk und Priester stimmten ein nach voriger Weise:

„Du aber, Gott, in Deiner Huld, ließest Deine Barm=
herzigkeit rege werden und gabst Verzeihung dem Stamme
Deiner Diener".

Nun erst schlachtete er den Farren, beschritt das Aller=
heiligste, ließ daselbst eine Weihrauchsäule aufsteigen aus gol=
dener Schaale, und sprengte mit seiner Hand, zwischen den
Stangen der Bundeslade stehend, von dem Blute des Opfers,
einmal nach oben und siebenmal nach unten.

Dann kehrte er zurück, schlachtete auch den zum Sünd=
opfer bestimmten Ziegenbock und nahm die Sprengungen vor,
wie mit dem Blute des Farren. Also geschah es im Aller=
heiligsten.

Hierauf kehrte der Hohepriester zu dem noch lebenden
Ziegenbocke zurück und bekannte, auf denselben seine Hand legend,
die Verirrungen des Volkes und seine wissentliche Schuld.
Wiederum schloß er das Sündenbekenntniß mit den Worten:
„vor dem **Ewigen**", wiederum fiel alles Volk auf das An=
gesicht, und alle sprachen: „Gelobt sei der Name seines
herrlichen Reiches in Ewigkeit", und der Priester fügte
hinzu: „sollt ihr rein sein". „Du aber, Gott, in Deiner
Huld, ließest Dein Erbarmen rege werden und gewährtest
Verzeihung der Gemeinde Jeschuruns".

Nun entsandte er den Sündenbock durch den dazu bestellten
Boten in die felsige Wüste, die Sündenmakel des Volkes in die
Oede zu tragen. Von einer Felsenzinne ward er hinabgeschmettert

und sein Gebein zertrümmert. Der Hohepriester verbrannte die Reste der Opferthiere, las alsdann mit lauter Stimme die Ordnung des Tages aus der Thora vor und legte die goldnen Gewänder an. Dann brachte er den für ihn und den für das Volk bestimmten Widder dar und opferte die Fettstücke des Sünd= und Mussaf=Opfers in üblicher Weise. Auf's Neue mit den leinenen Gewändern bekleidet, trat er in das Allerheiligste, holte die Räuchergeräthschaften, die er beim ersten Eintritt zurück= gelassen hatte, heraus, vertauschte alsdann nochmals mit den Goldgewändern die Leinengewänder, die nun für immer bei Seite gelegt wurden. Nun brachte er noch das tägliche Abendopfer dar, räucherte und zündete die Lichter auf dem heiligen Leuchter an. Zum Schluß des Dienstes wusch er Hände und Füße. Fünf Mal hatte er gebadet und zehn Waschungen hatte er vorgenommen.

Seine Gestalt strahlte in lichter Herrlichkeit, wie die Sonne in ihrer Majestät. Frisch und fröhlich legte er nun die eigenen Kleider an, und die ganze Schaar der Andächtigen geleitete unter Jubel in feierlichem Aufzuge den treuen Hirten heim in seine Wohnung.

Einen Festtag und ein Freudenmahl bereitete der Hohe= priester allen seinen Freunden, wenn er in Frieden hineinge= zogen und in Frieden herausgekommen war aus dem Heiligthum.

Und also lautete das Gebet des Hohenpriesters am Sühnetage, wenn er wohlbehalten und ohne Unfall zurück= gekehrt war aus dem Allerheiligsten:

„Es sei Dein Wille, unser Gott, und unserer Väter Gott, daß dieses Jahr, das für uns und ganz Israel nun anhebt, ein Jahr sei, in dem Du Deinen Segensschatz uns aufthust, ein Jahr der Fülle, des Segens und heilvoller Verhängnisse, ein Jahr des Getreides, Mostes und Oeles, ein Jahr des Gedeihens, Gelingens und des Bestandes, ein Jahr des Vereinens in Deinem Heiligthume, ein Jahr des Ueberflusses und des glücklichen Lebens, ein Jahr des Regens und der Sonnenwärme, ein Jahr der süßen Früchte, ein Jahr der Sühne all unserer Sünden, ein Jahr der Blüthe für Verkehr und Gewerbe, ein Jahr der Förderung der Gottesfurcht und Tugend, ein Jahr des Friedens und der Ruhe,

ein Jahr, in dem der Starke nicht den Schwachen bedrücke,
ein Jahr, in dem der Eine nicht der Mildthätigkeit des Andern
bedürfe, ein Jahr, in dem Dein Volk Israel glücklich und un=
gefährdet wohne unter den Völkern, ein Jahr, in dem Du
Gedeihen gebest jeglichem nützlichen Schaffen unserer Hände".
Und für die Bewohner des Thales Saron betete er noch:
„Es sei Dein Wille, o Gott, daß ihre Häuser nicht ihre
Gräber werden".

Herrlich über Alles war der Anblick des Hohenpriesters,
wenn er wohlbehalten zurückkehrte aus dem Allerheiligsten:

> Gleich dem blauen Himmelszelte,
> Wolkenlos und frei und licht,
> War des Priesters Angesicht.
>
> Gleich dem Blitze, der als Feuer
> Glühend durch die Wolken bricht,
> War des Priesters Angesicht.
>
> Gleich dem Bogen, bunt sich wölbend
> Durch der Lüfte höchste Schicht,
> War des Priesters Angesicht.
>
> Gleich der Rose, die da pranget
> Unter Blumen, hold und schlicht,
> War des Priesters Angesicht.
>
> Gleich dem Diadem des Königs,
> Das den Blick mit Macht besticht,
> War des Priesters Angesicht.
>
> Gleich dem Bräut'gam, der die Liebe
> Preist im herrlichsten Gedicht,
> War des Priesters Angesicht.

Alles dies war also, als der heilige Tempel noch auf
seinen Festen ruhete und der Hohepriester des Dienstes waltete.
Heil dem Auge, das dies Alles geschaut!

Gebet zu Mincha am Versöhnungstage.

Herr und Vater! Das Ziel unserer Sehnsucht
und unsere Bitte am heutigen Tage ist Deine Gnade
und Dein Erbarmen, Deine Milde und Deine Freund=
lichkeit. Wir haben diese Bitte schon vielfach vor Dir
ausgesprochen, und hoffen, daß Du liebend sie gewähren
wirst. Wohl aber wäre es einseitig und fehlerhaft,
wenn wir bei all diesen Gaben nicht bedenken wollten,
daß wir für ebendieselben Dir schon längst auch zu
danken haben. So möge sich denn auch mein Blick
heut rückwärts wenden auf die Tage, die vergangen
sind, so daß ich bei diesem Rückblick nicht mich be=
trachte, sondern Dich, Herr, Deine ganze Liebe und
Barmherzigkeit, daß meine Seele auch auf dem
Altar des Dankes Dir opfere, die beste Spende meiner
innigsten Empfindung, das herzlichste Wort meines
jubelnden Mundes.

Ja Du, Herr, bist ein Gott der Liebe! was wäre
ich ohne Dich!

Ich habe nicht nöthig, um Deine Wunder zu
rühmen, aufzuschauen zur strahlenden Sonne, die die
Welt erleuchtet, ich habe nicht nöthig, mich zu vertiefen
in die Tage der Vorzeit, um Dich als den Wohlthäter
der Menschheit zu preisen, ich habe nicht nöthig, mit
meinem Blicke die Oberfläche des Erdballs zu durch=
messen, um die unzähligen Zeugen zu finden, die von

Dir lehren, daß Du der allweiſe, allgütige Ernährer
aller Weſen biſt. Ich kehre nur mit meinen Gedanken
zurück in den engen Kreis meines eigenen alltäglichen
Lebens, und vermag auch da nicht Deine Wohlthaten
zu zählen, die unendliche Größe Deiner Liebesthaten
zu überſchauen.

Wenn früh am Morgen der Schlaf von meinem
Auge weicht, und ich geſund an Leib und Seele von
meinem Lager mich erhebe, dann frage ich mich: Wer
hat für mich, wer hat über mir gewacht? Habe
ich ſelbſt das neue Leben mir zurückgerufen, habe ich
ſelbſt mein Auge ausgerüſtet mit Kraft, das Bild der
Außenwelt in meine Seele zu führen, habe ich ſelbſt
meinem Ohre das Reich der Laute eröffnet, habe ich
ſelbſt mich behütet vor jeglicher Gefahr, die, ungeahnt
und unbewußt dem menſchlichen Geiſte, im Verborgenen
weilen kann? Nein, mein Gott, Dir ſei Dank! Das
haſt Du gethan, was wäre ich ohne Dich!

Und wenn ich an mein Tagewerk ſchreite und
meiner Hand die rüſtige Kraft nicht fehlt, die nützliche
Pflicht zu üben, und mein Geiſt das Urtheil anwenden
kann, das er gewonnen in tauſend Dingen, und lauter
kleine Freuden meiner warten, die ein jedes Gelingen
und gutes Vollbringen in ihrem Gefolge führen,
dann frage ich mich: Wer hat das alles mir ver=
gönnt? Habe ich der Geſundheit gebieten können,
daß ſie meinen Leib nicht verlaſſe? Habe ich meiner
Seele befohlen, daß ſie nicht zurückbleibe hinter den
Anforderungen der Einſicht und des Verſtandes? Habe

ich selbst mein Herz von den Abwegen bewahrt, daß
es fähig bleiben konnte, die Süßigkeit vollbrachter
Pflicht zu empfinden?

Nein, mein Gott, Dir sei Dank! Das hast Du
gethan, was wäre ich ohne Dich!

Und wenn ich mich umschaue im Kreise all der
lieben Meinigen, wenn mein Herz tausendfach die
Seligkeit empfindet, sie zu besitzen, wenn sich die
Liebe und Zärtlichkeit (meiner lieben Eltern und
Geschwister) (meiner lieben Kinder) (meines theuern
Gatten) hundertmal mir bewährt, dann frage ich mich:
Wer hat diese Güter mir geschenkt? Habe ich selbst
das alles erworben? Habe ich selbst durch meine Weisheit
und Tugend die Wonne verdient, Liebe zu genießen
und Liebe zu fühlen?

Nein, mein Gott, Dir sei Dank! Das hast Du
mir geschenkt, was wäre ich ohne Dich!

Und so sei denn, Herr und Vater, die Aner=
kennung des innigsten Dankes eines von den Opfern,
die mein Herz Dir am heiligen Tage der Versöhnung
darbringt!

Das soll mir die Heiligkeit des Tages erhöhen,
daß ich selbst dazu beitrage, das Werk der Versöhnung
zu vollziehen in dem Theile, der in meiner eigenen
Macht liegt. Versöhnt will ich sein mit meinem Schick=
sale, daß ich nicht fürder ungerecht mit ihm rechte.

Die Unzufriedenheit sei aus meinem Herzen ver=
bannt, und die Freude an Deinen Gaben ziehe an ihre
Stelle. Für Sünde will ich es halten, wenn ich das

Gute genieße, stets das Bessere zu verlangen. Wo
hätte sonst menschliches Wünschen und Begehren ein
Ziel? Der Besitz der höchsten irdischen Güter wird
gleichgültig, wenn er alltäglich wird, und der Genuß
der friedlichen Alltäglichkeit hat ewig neue Reize, so
ich alles herzuleiten weiß aus Deiner Liebe, mein Gott.

    Nur vor Unglück und Thorheit, vor Sünde und
Schande bewahre Du mich, o Herr!

O nimm nun meines Herzens Dank
Für jede Gnadengabe,
Die ich, o Herr, mein Leben lang
Von Dir empfangen habe.
Dies sei es, was die Heiligkeit
Mir dieses Tages kröne,
Daß mich mein Dank — Dir, Herr, geweiht —
Mit dem Geschick versöhne.

Zufriedenheit, es sei dein Platz
Im Herzen mein, im Innern;
Die Liebe Gottes ist mein Schatz.
Deß' will ich mich erinnern,
Und wachen will ich, daß der Neid
Nie Deine Macht verhöhne,
Daß mich Dein Geist, Zufriedenheit,
Stets mit mir selbst versöhne.

Das Gottvertrauen sei mein Glück!
Und freudig Gott zu loben,
Das sei mein Stern, zu dem mein Blick
Im frohen Dank erhoben.
Der leuchtet mir in Lieblichkeit,
In wunderbarer Schöne,
Er glänzt mir, daß ich jederzeit
Mich mit der Welt versöhne.   Amen!

נְעִילָה

Vor Sonnenuntergang am Versöhnungstage.

———

Herr! o Gott! schon sinkt die Sonne,
Und es wendet sich der Tag,
Und noch steh'n wir hier und beten,
Wie's die schwache Kraft vermag!
Noch einmal im Staube flehen
Wir, o Herr! um Deine Huld,
Gnadenreicher! o versöhne,
Mach' zu Nichte uns're Schuld.
Noch einmal, bevor wir scheiden,
Sei vor Dir das Knie gebeugt
Und der Blick zu Dir erhoben,
Herr, bevor der Tag sich neigt.

Dieses Tages kurze Stunden
Waren reich und inhaltvoll,
Und sie brachten, was der Seele
Sabbathfeier bringen soll:
Demuth, Glauben, Trost und Hoffen
Und der Tugend neuen Muth,
Und Erkenntniß manches Fehlers,
Der verborgen in uns ruht.

Und der Dünkel ist verronnen,
Und des Stolzes Stimme schweigt,
Und der Hochmuth sank hernieder,
So, wie jetzt der Tag sich neigt.

Ja, wir haben uns're Blicke
In die Herzen tief versenkt,
Ach, da haben tausend Dinge
Vor die Seele sich gedrängt:
Kummer, Sorgen, Gram und Schmerzen,
Alles, was das Herz bedrückt,
Und wir haben die Gebete
Hoffnungsvoll zu Dir geschickt.
Und es hat in dem Gemüthe
Sich die Zuversicht erzeugt:
Daß, o Herr! nie Dein Erbarmen
Schwindet, wie der Tag sich neigt.

O verlösche, o vernichte
Was das Herz uns noch bedrängt,
Heute hat es all' sein Sehnen,
Vater, nur zu Dir gelenkt;
Dich gesucht in diesem Hause,
Ja, mein Gott! das haben wir,
Und wir waren eng vereinigt,
Du bei uns, und wir bei Dir,
O, wir sah'n, daß zu den Deinen
Gern Dein Geist herniedersteigt,
Und wir fühlen Deine Nähe
Jetzt noch, da der Tag sich neigt.

Doch, o Herr, wo eine Seele
Noch in ihrem Schmerze weilt,
Wo noch eine Herzenswunde
Nicht des Tages Macht geheilt,
Wo noch nicht der Himmelsfrieden
In die Brust sich eingesenkt,
Wo ein Geist noch unbefriedigt
Traurig seines Kummers denkt,
O, da sende, Gott der Liebe,
Dem Gemüthe, tief gebeugt,
Deinen Trost und Deine Gnade
Jetzt noch, da der Tag sich neigt.

Laß' versöhnt den Gramerfüllten
Mit dem Schicksal wieder sein,
Daß der Hoffnung Sonnenschimmer
Strahle ihm ins Herz hinein,
Daß er mit Vertrauen richte
Muthvoll auf den freien Blick,
Daß die Kraft ihm wiederkehre
In den matten Geist zurück,
Daß er ferner nicht mehr meine,
Von des Harmes Last gebeugt,
Daß der Tag der Lebensfreude
Sich für immer ihm geneigt.

Laß' versöhnt den Schuldbewußten,
Gnäd'ger Gott, von hinnen geh'n,
Laß' der Tugend Kraft in Fülle
Wiederum in ihm ersteh'n,

„Nicht verloren, nicht verstoßen
Bin ich", das sei sein Gefühl,
„Mir auch giebt ein neues Streben
Mit der Unschuld gleiches Ziel,
Fühl' ich's doch, daß nicht die Stimme
Des Gewissens in mir schweigt,
Heute bin ich neu geboren,
Jetzt schon, da der Tag sich neigt".

Laß' versöhnt den Zweifler scheiden,
Vater, aus dem Vaterhaus,
Daß er gehe — Gott im Herzen —
Wieder in die Welt hinaus.
Wenn Dein Wesen ihm, Dein Walten
Immer auch ein Räthsel war,
Nicht ergründen, nein! empfinden
Laß' es ihn unmittelbar.
Hier, im Kreise all der Deinen,
Fühlt das Herz sich überzeugt:
Du, im Himmel und auf Erden,
Bist's, vor dem der Tag sich neigt.

Laß' versöhnt den Bruder eilen
Zum verkannten Bruder hin:
„Reiche, Freund, mir Deine Rechte.
Weil ich nicht dein Feind mehr bin,
Laß' uns wandeln eine Straße,
Laß' uns gehen Hand in Hand,
Einigkeit und Lieb' und Frieden
Sind der Menschheit schönstes Band,

Laff' den Haber nimmer währen,
Bis empor die Sonne steigt,
Laff' ihn schwinden und vergehen
Stets, bevor der Tag sich neigt".

Laff' uns nimmer, nimmer weichen
Einen einz'gen Schritt von Dir,
Wenn wir Dich im Herzen haben,
Sind wir glücklich für und für;
Laff' zurück uns freudig blicken
Auf des Lebens Wechselzeit,
Wenn wir an der Pforte stehen,
Einzugeh'n zur Ewigkeit;
Wenn im Ruf: „Der Herr ist einzig!"
Unf're Lippe noch bezeugt,
Daß noch dann auf Dich wir hoffen,
Wenn der letzte Tag sich neigt.

Owinu malkenu.

(Siehe Seite 110.)

Zum Schluss des Versöhnungstages.

Herr und Vater! Der heilige Tag ist vorüber!
Dank Dir für die Andacht, die mein Herz gelabt!
Dank Dir für die Erhebung, die mein Geist gefunden,

und für die Hoffnung, die meine Seele gestärkt hat.   Laß'
mich noch einmal das heilige Bekenntniß vor Dir
aussprechen:

שְׁמַע יִשְׂרָאֵל יְהוָֹה אֱלֹהֵינוּ יְהוָֹה אֶחָד:

(einmal.)

בָּרוּךְ שֵׁם כְּבוֹד מַלְכוּתוֹ לְעוֹלָם וָעֶד:

(dreimal.)

יְהוָֹה הוּא הָאֱלֹהִים:

(siebenmal).

IV. Gebete für die Halbfeste.

1. Chanuka.

חֲנֻכָּה.

Gebet am Chanuckafeste.

Herr und Vater! Dank Dir! Du warst ein treuer Helfer Deines Volkes zu allen Zeiten und wirst es bleiben in Ewigkeit. Als zu den Zeiten des Hohen=priesters Matthatias, Sohnes des Hasmonäers Jochanan und seiner Söhne, die tyrannische Regierung des Heiden=königs Antiochus wider Dein Volk tobte, um in seiner Mitte Deine heilige Lehre zu unterdrücken, Deine Verehrer abzuleiten von den Gesetzen Deines Willens und Deine Gebote der Vergessenheit anheimzugeben, da standest Du auf mit Deiner großen Barmherzigkeit, um ihnen beizustehen zur Zeit der Noth. Du strittest ihren Streit, Du saßest zu Gericht, um für sie Recht zu üben, Du übernahmst die Vergeltung an ihren Widersachern. Damals hast Du die Schwachen siegen

10

lassen über die Mächtigen, die Wenigen über die
Zahlreichen, die Gerechten über die Frevler, über die
Uebermüthigen — die demuthsvollen Bekenner Deiner
Lehre. Aber wie Du Sieg und Heil verschafft hast
dem gedrückten und geknechteten Volke Israel, das,
vertrauend auf Deine Hilfe, den Kampf der Ver-
zweiflung aufnahm, so hast Du auch Deinen heiligen
Namen groß gemacht in den Augen der ganzen Welt.
Dankerfüllt wallfahrteten Deine Kinder in die Hallen
Deines Hauses, ergötzten sich an der Wiederherstellung
des Gottesdienstes im Tempel zu Jerusalem, reinigten
die entweihte Stätte Deiner Verehrung von den Götzen-
bildern der Heiden, erleuchteten festlich die Vorhöfe
Deines Heiligthums und bestimmten die acht Tage der
Weihe zum Freudenfest für alle Zeiten, zum Ruhm
und zur Verherrlichung Deines Namens. Immer will
auch ich der Fürsorge eingedenk sein, mit der Du
meine Vorfahren geleitet hast durch die Zeiten, daß
sie siegreich hervorgingen aus allen Kämpfen, aus Leid
und Drangsal. Wie Du ein Helfer bist dem ganzen
Volke, so bist Du auch ein Helfer jedem Einzelnen,
der in Glauben und Vertrauen zu Dir sich wendet.
Gepriesen sei Dein Name in Ewigkeit! Amen!

2. Das Purimfeft.
פורים

Gebet am Purimfeste.

Herr und Vater! Du warst dem Volke Deiner Verehrer zu allen Zeiten ein treuer Helfer in Noth und Drangsal, Du wirst es auch ferner bleiben und die Deinen nicht verlassen in Ewigkeit!

Auch der heutige Tag, für ewige Zeiten als ein Freudentag eingesetzt, erinnert uns in seiner Veranlassung an Deine Liebe und Güte für Israel, vergegenwärtigt uns Deine Weisheit, wie Du wunderbar wirkest auch ohne anscheinendes Wunder, wie Du helfen kannst, wo Alles verloren scheint, auch ohne Eingriff in den natürlichen Lauf der Dinge. Denn in Deiner Hand sind die Herzen der Mächtigen, die Gedanken der Könige; von Dir gezählt und nach ihrem Zwecke geordnet sind die wirren Fäden in dem Knäuel irdischer Begebenheiten.

Als zu den Zeiten des persischen Königs Ahasveros, dessen mächtiger Günstling Haman, aus dem Geschlechte der seit Jahrhunderten Israel feindlichen Amalekiter, voll Rache und Bosheit die Pläne schmiedete, ganz Israel, Männer und Frauen, Greise und Kinder, in allen Provinzen des weiten Perser- und Mederreiches zu vernichten, als die Ausführung seiner bösen Rathschläge schon zum Entsetzen nahe bis an die Grenze ihres Zieles gerückt war, als selbst der freche Uebermuth den Tag des Mordes schon durch das Loos gewählt hatte und nach menschlichem Ermessen kein Ausweg der Rettung dem Blicke der Verfolgten mehr sichtbar war, da tratest Du helfend ein mit unvorhergesehener Fügung. Hamans Veranstaltungen wurden vereitelt, er selbst erlitt den Tod sammt allen Genossen seiner Bosheit und die Unschuldigen gingen gerettet und siegreich aus der Bedrängniß hervor.

Und welches Werkzeug hat Deine Weisheit sich erkoren? Ein Weib war es, an deren Muth das Haupt zertrümmerte, das Tücke und Arglist gesonnen.

Esther, das Kind ohne Eltern, der gehorsame Pflegling ihres väterlichen Freundes Mordechai, vereitelte die Anschläge des Feindes und verwandelte den gefürchteten Tag des Elends in einen Tag der Freude noch für die spätesten Geschlechter.

Aber Esther war kein blindes Werkzeug. Sie war bereit, Glanz und irdische Größe der Pflicht zu opfern, sie setzte ihr Leben ein für das Wohl ihres Volkes, sie hielt sich nicht für machtlos, denn sie vertrauete auf Gott.

So wie damals, so hast Du, Herr, noch oft Dein Volk Israel aus der Gewalt mächtiger Feinde gerettet. Gar viele Männer sind im Geiste Hamans gegen uns aufgetreten, aber Israel ist nicht untergegangen, und ist heute noch, was es sein soll, ein Gotteskämpfer auf Erden, um alle Herzen und Geister zu gewinnen für Dein Reich, für die Verehrung des einzigen Gottes.

Mir aber soll Esther ein Muster und ein Vorbild sein in Muth und Stärke zur Erfüllung der

Pflicht, in treuer Liebe und Anhänglichkeit an mein Volk und in unwandelbarem Vertrauen auf Deine Hilfe in den Tagen der Prüfung. Amen!

V. Gebete am 9. Ab,

dem Gedächtnißtage der Zerstörung des heiligen Tempels zu Jerusalem.

תִּשְׁעָה בְּאָב

Allgerechter Gott, der Du der Herrscher der Welt bist, Du bist auch der König aller Völker auf Erden und der allweise Leiter ihrer Schicksale. Dein Wille ist es, wenn sie emporblühen; Dein Wille ist es, wenn sie vergehen; ihr Leben und ihr Wirken ist vorgezeichnet im Plane Deiner Weltregierung. Voll Wehmuth richte ich heute meinen Blick auf die Vorzeit meines Volkes, voll Ernst und Andacht betrachte ich die wechselvollen Schicksale Israels, und voll des Dankes schaue ich auf seine Gegenwart

Ja Wehmuth und Trauer erfüllen mich, wenn ich der Vorzeit meines Volkes mich erinnere, wenn ich all' die verlorene Herrlichkeit vor mein Auge führe, die einst der Antheil Deiner Lieblinge war. Finsterniß und Irr= wahn erfüllten die Welt, sinnloser Götzendienst umstrickte den Geist der Heiden, als in Israel allein das Licht der Erkenntniß Deines heiligen Namens hell leuchtete, die Lehre der Wahrheit sein Gesetz war, und die Gebete des Volkes und seine Lieder, sein Weihrauch und seine

Opfer geweihet waren dem Höchsten, dem Einzigen.
Da war der Tempel zu Jerusalem der sichtbare
Wohnsitz Deiner Herrlichkeit, der geheiligte und heili-
gende Mittelpunkt der Gemeinschaft Deines Volkes und
das froh gesuchte Ziel ihre Wallfahrt. Herrlich und
gesegnet waren die Fluren des Landes Israel, sichtbar
waltete Deine Gnade über seinen Bewohnern. . Fromme
Priester eiferten in Deinem Dienste, und von Deinem
Geiste erleuchtete Propheten verkündeten laut das Wort
der Wahrheit. Aber ach! sie sprachen auch von dem
Verfall des Glaubens und der Sitten, von Deinem
Zorne, von Deiner Strafe und von den trüben Tagen
der Zukunft. Und diese bösen Tage sind hereingebrochen;
das Volk ist abgewichen von Deiner Lehre, das
Anrecht auf Deine Gnade ging verloren. Der Feind
tobte gegen Land und Volk, die Edelsten und Besten
vernichtete das Schwert, die Flamme verzehrte den
heiligen Tempel und der Rest des Volkes mußte hinwandern in alle Welt. Ihr Loos war Heimathlosigkeit
und Zerstreuung unter die Völker der Erde.

Wechselvoll, unheilvoll und wunderbar zugleich
waren seitdem die Schicksale der Zerstreuten. Arm und
elend, machtlos und hilflos irrten sie vereinzelt umher
in der weiten Welt, nichts mit sich nehmend aus dem
Lande ihrer Heimath, als die Liebe zu Gott im Herzen
und die unvergängliche, von Geschlecht zu Geschlecht
fortlebende, glühende Sehnsucht nach dem Lande Israel,
nach dem längst verblichenen Glanze ehemaliger Herrlichkeit. Und wo im fremden Lande ein friedliches Plätzchen
sich ihnen darbot, da schlugen sie ihre Zelte auf, wie das

Zelt eines Wandernden, nicht wie das Haus deffen, der eine Heimath sich gründet. Doch das Bedürfniß, Gott dem Herrn zu dienen, vereinigt zu ihm zu beten, und Glauben und Sitte der Väter treu zu bewahren, vereinte die Einzelnen zu Gemeinden, zu tausend und aber tausend Gemeinden, und nur ein einziges Band schlang sich um alle; das Band gemeinsamen Unglücks und gemeinsamer Hoffnung. Ueberall und überall, in unbedeutender Minderzahl, in der Mitte mächtiger, feindlicher Nationen, stürmte tausendfältige Bosheit vernunftloser Dränger gegen sie heran. Der Spott besprißte sie mit seinem Geifer, die Habsucht riß das Brot aus ihrer Hand, der Muthwille heßte sie wie scheues Wild, Stolz und Uebermacht erniedrigten sie zur Knechtschaft, die Bürger der Staaten stießen sie aus ihrer Gemeinschaft, und der blinde Eifer aber= gläubischer Widersacher verfolgte sie ihres Glaubens willen mit Feuer und Schwert. So ging es durch die Jahrhunderte. So war es aller Orten.

Mächtige Völker, vereinigt unter mächtigen Herr= schern, sind während dieser Zeit entstanden und unter= gegangen. Ihre Spur ist von der Erde vertilgt, ihre Erinnerung ist wie vom Winde verweht. Selbst das mächtigste aller Reiche, das Reich, das Judäa vernichtete, ist längst dahin. Aber Israel, das schwache, kleine, schutzlose und verfolgte, ist nicht untergegangen. Das war die Wundermacht des göttlichen Willens. Mehr als Gewalt und Drangsal droheten Verführung und Verlockung den Bekennern meines Glaubens, sie abzu= führen von der Lehre Gottes, von dem Wege der Väter.

Sie ließen sich ins Elend führen, aber nicht auf
Abwege, sie stürzten sich in's Unglück, aber nicht in die
Schlinge der Versuchung, sie gingen in den Tod, aber
nicht in die Gemeinschaft der Glücklichen, die liebkosend
sie aufzunehmen bereit war für den Preis ihres Glaubens.

Und wohin hat bis heutigen Tages dieses
wunderbare Schicksal uns geführt? O wahrlich! nicht
zur Hoffnungslosigkeit, nicht zur Entmuthigung. Wir
haben es eingesehen, daß die Hand Gottes uns geführt hat,
wir haben es eingesehen, daß nicht Macht und Herrschaft
unter den Völkern das Ziel ist, das Gott unserem Wandel
bestimmt hat, daß er aber Israel bestimmt hat eine
Macht des Geistes zu sein, als Träger der reinen
Gotterkenntniß voranzuziehen den Geschlechtern auf der
Erde, bis aller Wahn und aller Irrglaube geschwunden
sein wird unter den Menschen, bis alle sich vereinigen
werden in dem Bekenntniß Israels: Der Herr ist
Gott, der Herr ist einzig!

Siehe da, mein Geist! Schon tagt der Morgen!
die Nacht unserer Trübsal beginnt zu sinken. Die
grellen Flammen sind erloschen, die unsere Edlen
verzehrten, und das Licht der Menschenliebe und
Menschenachtung leuchtet freundlich. Das Schwert des
Mordes hängt nicht mehr über unserm Haupte, aber
das Schwert der Wahrheit ist zum Kampfe erhoben in
der Hand unserer Besten. Unsere Nachbarn sind nicht
mehr unsere Feinde, sie sind unsere Genossen auf dem
Wege zum Licht und zum Recht. Die Sehnsucht nach dem
Jerusalem des Morgenlandes ist innig verknüpft mit der
Liebe zu dem Vaterlande, in dem wir geboren sind.

Dabei ist die Hoffnung auf ein gemeinschaftliches Jerusalem keineswegs erloschen. Ein neuer Tempel des Friedens wird dereinst erbaut werden, in dem alle Menschen zum Dienste des Herrn sich vereinigen werden.

Und dafür meinen Preis und Dank Dir, höchster Gott! Dir, Herr des Himmels und der Erde, Dir, Lenker der Völker und ihrer Schicksale! Wir haben Dich nicht verlassen, wir haben Deine Lehre nicht vertauscht. Darum bist Du unser Helfer gewesen und Deine Lehre unser Schutz in den Zeiten der Noth.

Fern sind wir noch davon, den heutigen Tag trauriger Erinnerung verwandeln zu können in einen Tag der Freude. Aber die Trauer ist milder geworden, sie ist in Wehmuth verwandelt, und mit dem Schmerze um das verlorene Zion dürfen wir den Dank verbinden für Deine wunderbaren Thaten, die uns aufrecht erhalten hat in den Ländern einstiger Verbannung. Wir können hoffen auf ein neues herrliches Zion im Reiche der Erkenntniß, des Glaubens und der Sitte. O bringe uns denselben immer näher, und laß' uns alle beitragen zur Verherrlichung Deines Namens auf Erden. Amen!

צִיּוֹן

Klage um das verlorene Zion.

O, Zion! wollte Gilead
Dir seines Balsams Fülle
Gewähren, daß er deinen Schmerz,

Den bittern Schmerz dir stille.
Er reichte nicht, sei er dir ganz
Zur Heilung überlassen,
Dein Unglück ist so groß, so groß,
Das Meer kann es nicht fassen.

Als herrlich Land warst Du erkannt
Ringsum von allen Heiden,
Wer wollte nicht an deinem Glanz
Entzückt sein Auge weiden?
Der Mittelpunkt der Köstlichkeit,
Des Erdballs schönste Stelle,
Der Garten Gottes, Edens Flur,
War deiner Ströme Quelle.

Deß' mag Naëman Zeuge sein,
Der zweifelnd seine Schritte
Zum Jordan lenkte und entstieg
Geheilt aus seiner Mitte.
Da mußtest du dem Heiden wohl
Im Wunderglanz erscheinen!
Was er bekannt', wie sollten's nicht
Bekennen wir, die Deinen!

Dem Staub von deiner Erde muß
Der Werth des Goldes weichen,
Dem Edelstein ist dein Gestein
Der Berge zu vergleichen.
Erst halb gereift bot deine Frucht
Ein liebliches Genießen,
Dein Bitt'res war dem Honig gleich,
Dem Honigseim, dem süßen.

Genesung brachte jedes Blatt
Und jedes Gras der Felder,
Es überströmten überall

Von Honig deine Wälder,
Nie ist der Otter wild Gezücht
Aus dem Geklüft geschossen,
Und mit dem Löwen war ein Bund,
Ein Friedensbund geschlossen.

In dir hat Gott allein regiert
Und seinen Thron begründet,
Durch deine Lieder ward sein Ruhm
Der ganzen Welt verkündet.
Wie herrlich war's, wie lieblich war's,
Der Stämme frommes Wallen
Dreimal des Jahres hin zu dir,
Zu deines Tempels Hallen!

Vom fernen Osten kamen selbst
Des Morgenlandes Söhne,
Daß deiner Bücher Weisheit dort
Ihr eig'nes Wissen kröne;
Die Richter wandelten im Recht
Und in der Wahrheit Gleisen,
Und deine Lehrer wurden dort
Die Lehrer aller Weisen.

Es konnte dort des Jünglings Geist
Prophetengeist bekunden,
Der Sterne Lauf, der Sonne Bahn,
Sie sind durch dich gefunden.
Wo bist du hin! wo bist du hin!
Wer zeigt zur Dir die Pfade!
Wo ist der heilige Tempel hin,
Wohin die Bundeslade!

Wohin sind deine Priester, ach!
Wohin sind die Propheten!
Und deine Fürsten alle sind

Tief in den Staub getreten.
Ob deiner Frevel ist's geschehen,
Um deiner Sünden willen,
Mußt also, ach! dein Ende sein,
Dein Schicksal sich erfüllen!

O, flehe doch zum Herrn! o fleh'!
Bis daß er sich erbarme,
Bis daß er Hoffnung dir gewährt
Und Trost in deinem Harme.
Wie würde meine Seele sich,
Die schmachtende, erquicken,
Könnt' ich, o Zion! deinen Glanz
Nur einmal noch erblicken!

אֱלִי צִיּוֹן

Eli Zion.

Klage, Zion, laut im Leibe,
Gleich der Braut im Trauerkleide,
Die den Jüngling, auserkoren,
Durch des Todes Macht verloren!

Ob des Tempels, dessen Hallen
Durch der Sünde Schuld gefallen,
Ob der Spötter frechen Horden,
Die des Tempels Herrn geworden

Ob der Sänger, die gefangen
In die Sklaverei gegangen,
Ob des Blutes, das vergossen,
Das in Strömen hingeflossen.

Ob der Lieder, die verklungen
In den Städten, die bezwungen,
Ach! in ihren öden Kreisen
Flehen des Gesetzes Weisen!

Opfer werden nicht gespendet,
Die Geräthe sind geschändet,
Und des Räucherwerkes Düfte
Sind verweht in alle Lüfte.

Und des Fürstenstamm's Genossen,
Die aus David's Haus entsprossen,
Sind von Finsterniß umfangen,
Glanz und Herrschaft sind vergangen.

Ob des Ruhmes magst du trauern,
Der gesunken mit den Mauern,
Magst um all' des Unglücks Willen
Dich in Leidgewänder hüllen.

Zahllos häuften sich die Plagen,
Daß die Edelsten erlagen,
Die der Säuglinge Gebeine
Sah'n zerschmettert am Gesteine;

Die geseh'n der Feinde Rotten,
Froh ob solchen Unheils, spotten,
Während tief im Drucke weinen
Die einst Freien, die einst Reinen.

Weil die Sünde sie erkoren,
Und der Tugend Pfad verloren,
Deines Zornes Gluth verbrannte
Alles, was dein Volk sich nannte.

Und dein Jammer, laut erhoben,
Tönte durch der Feinde Toben,
Die des Tempels Hof erreichen,
Schreitend über tausend Leichen.

Ob des Heil'gen Namens klage,
Der in dir entweiht, und sage
Bittend ihm von Deinem Harme,
Daß er wieder sich erbarme.

Klage, Zion, laut im Leide,
Gleich der Braut im Trauerkleide,
Die den Jüngling, auserkoren,
Durch des Todes Macht verloren.

B. Häusliche Andacht.

B. Sinnliche Andacht.

Tägliches Morgengebet.

שְׁמַע יִשְׂרָאֵל יְהֹוָה אֱלֹהֵינוּ יְהֹוָה אֶחָד:
בָּרוּךְ שֵׁם כְּבוֹד מַלְכוּתוֹ לְעוֹלָם וָעֶד:

Höre, Israel, der Ewige, unser Gott, ist ein einziger Gott.

Gelobt sei der Name der Herrlichkeit seines Reiches in Ewigkeit!

אֲדוֹן Es hat der Herr als König seit Ewigkeit regiert,
Noch eh' ein Körperwesen in's Dasein eingeführt,
Und als durch seinen Willen die ganze Welt entstand,
Ward Gott, der Herr, als König auf Erden anerkannt.
Und wollt' er sie vernichten, so wie sie schuf sein Wort,
Er würde doch regieren für ewig, fort und fort.
So wie der Herr gewesen von je, so ist er heut,
So wird er immer bleiben in seiner Herrlichkeit.
Er ganz allein erfüllet das ganze Weltenreich,
Wo hätte Raum ein Zweiter? Kein Wesen ist ihm gleich!
Wer hat wohl Ziel und Anfang von ihm sich je erdacht!
Und alle Macht und Stärke ist Ausfluß seiner Macht.

11

Und dennoch! dem Erhab'nen, ich bin ihm nicht zu
klein;
Er schaut auf meinen Wandel, sieht in mein Herz
hinein;
Er ist mein Fels, mein Hoffen und meine Zuversicht;
Er überhört mein Bitten und meine Klage nicht.
Ich schlafe oder wache, er ist mir zugewandt,
D'rum geb' ich meine Seele getrost in seine Hand.
Und auch mein Leib, er bietet dem bangen Zagen Trutz.
Was kann ich denn noch fürchten, ist Gott, der Herr,
mein Schutz!

Allgütiger! Du hast wiederum den Schlummer
nach süßer Ruh' von meinem Auge verscheucht, hast
mich wieder neu gestärkt erwachen lassen zum lichten
Tage. O segne mir auch diesen Tag, daß ich Gutes
an ihm verrichte, daß ich die Pflichten erfülle, die Du
als mein Antheil mir zugemessen hast. Hüte mich vor
Unglück und Gefahren und laß' auch heute mich weiser
und besser werden. Amen!

Tischgebet.

Mein Gott! Du sorgest als ein Vater für alle
Geschöpfe auf Erden und giebst jedem Wesen seines
Leibes Nahrung nach seinem Bedürfniß. Durch Deine

Liebe habe auch ich mich wieder gesättigt, und wie ich bisher nicht Mangel gelitten habe, so wirst Du für und für mir Deine Gaben nicht versagen, daß mir mein täglich Brot nicht fehle. O möge es Dein Wille sein, daß mein Tisch, an dem ich esse, immerdar ein gesegneter sei, damit beim Genusse Deiner Spende auch die Fröhlichkeit des Herzens mir nicht fehle. Laß' mich nie satt werden durch fremdes, unrechtmäßig erlangtes Gut, laß' mich nie satt werden von dem Brote menschlicher Mildthätigkeit, sondern ernähre mich aus der Fülle Deines Segens. Versage mir, gütiger Gott, auch nie den Ueberfluß in solcher Weise, daß der Dürftige hungrig von meiner Thüre hinweggehen müßte.

Mein Gott, ich lobe Dich! Mein Gott, ich danke Dir! Mein Gott, ich hoffe auf Dich! Du bist es, der da öffnet seine Hand, und sättigt alles, was da lebt, in Wohlgefallen. Amen!

Nachtgebet.

Mein Gott! Ich danke Dir für Deine Huld und Güte, die Du auch in des heutigen Tages Stunden an mir bewiesen.

Ich lege mich nun getrost zum Schlummer nieder und übergebe meinen Leib und meine Seele Deiner Obhut. Wahrlich, Du schläfst nicht, Du

schlummerst nicht, Du Hüter Israels. O, möge
es Dein Wille sein, daß ich schlafe in Frieden, und
daß ich erwache in Frieden, daß nicht böse Träume
mich erschrecken und nicht kummervolle Gedanken die Ruhe
von meinem Lager scheuchen.

Auf Deine Hilfe hoffe ich, Herr, allezeit.

In Deine Hand befehle ich meinen Geist zur Zeit,
wenn ich schlafe und wenn ich erwache, und mit meinem
Geiste auch meinen Körper; ist Gott mit mir, so fürchte
ich nichts. Amen!

שְׁמַע יִשְׂרָאֵל יְהֹוָה אֱלֹהֵינוּ יְהֹוָה אֶחָד:
בָּרוּךְ שֵׁם כְּבוֹד מַלְכוּתוֹ לְעוֹלָם וָעֶד:

Gebet am Sonntag.

Und Gott sprach: Es werde Licht!

Schöpfer des Himmels und der Erde! In sechs
Tagen hat Dein Wink die Welt aus Nichts hervorgerufen, und als Dein allmächtiges Wort am ersten
Schöpfungstage den Himmel und die Erde gebildet hat,
da erschufst Du auch das Licht. Ehe die Sonne ihre
Strahlen zur Erde sandte, war es helle, denn nicht sie
ist der Urquell des Lichtes, Du allein bist es, Du hast
es auch ihr gegeben. Alles Leben in der Körperwelt
strebt nach dem Lichte. Alle Wesen freuen sich des
Lichtes, doch höher als alle hast Du den Menschen

bevorzugt, daß er außer dem Lichte, das er aufnimmt
durch sein Auge, auch nach einem höheren Lichte strebe,
nach dem Lichte des Geistes. Das Licht des Geistes
aber ist die Wahrheit. Ihr immer näher zu kommen,
ist die höchste Aufgabe der Sterblichen; sie mehr und
mehr in sich aufzunehmen, ist seine höchste Seligkeit.
Darum ist es mein inbrünstiges Gebet am ersten Tage
der Woche, daß Du, mein Gott und Vater, auch mein
Streben nach Licht und Wahrheit segnen mögest; auf
daß es nicht fruchtlos sei. Die Unendlichkeit Deiner
Größe zu fassen und zu ergründen, das freilich bleibt dem
schwachen Menschengeiste auf Erden versagt, aber streben
darnach, das kann ich und soll ich, das ist eine Aufgabe, des Menschengeistes würdig. Und so will ich nicht
gedankenlos vorübergehen bei den Wundern Deiner
Schöpfung, nicht die Kräfte der Natur, weil sie alltäglich vor mein Auge treten, unbeachtet lassen, nicht
den Himmel und die Erde betrachten, ohne auf die
belehrende Stimme zu hören, die aus ihnen zu mir
spricht, sondern alles dies soll der Quell für mich werden,
aus dem ich Lehre und Erkenntniß schöpfe, auf daß
Licht und Wahrheit mir zu Theil werde aus dem
Buche der Natur, damit ich in Demuth mich selbst erkenne und im Staube Dich anbete als den Herrn und
Schöpfer der Welt. Amen!

Gebet am Montag.

Und Gott schied das Wasser über
der Feste von dem Wasser unter der
Feste, und nannte die Feste Himmel.

Schöpfer des Himmels und der Erde! Du hast
den Himmel ausgebreitet über die Erde. Das ist die
endlose Ferne, in die der Blick des Menschen sich ver=
liert, wenn er sein Auge emporhebt vom Staube der
Erde, dem er angehört. Da ist kein Ende und keine
Grenze, nicht für das Auge, und auch nicht für die
Gedanken.

Unendlich ist die Welt und sie ist Dein Werk.
Die Himmel und alle Welten, die in ihnen schweben,
sind Dir unterthan. Mit welchem Worte soll ich Dein
Wesen bezeichnen! O Unfaßbarer! Nie wird der Blick,
den ich emporhebe, mich von Deinem ganzen Wesen
belehren, aber von dem meinigen belehrt er mich,
und verwandelt meinen Stolz in Demuth. Wie ist
die Erde so klein im Reiche Deiner Welt, nicht ver=
gleichbar dem Tropfen im Meere, und auf der Erde,
was bin ich?

O Herr, mein Gott, segne mein Bestreben, diesen
Gedanken in mir zu befestigen, daß er auch die Grund=
lage meiner Handlungen werde. Der schwache Mensch
ist allzusehr geneigt, sich für den Mittelpunkt dessen zu
halten, was ihn umgiebt. Wenn ich aber in Demuth
von meiner Niedrigkeit überzeugt bin, alsdann wird die
Selbstsucht aus meinem Herzen schwinden. Nicht

meinetwegen, Herr, mein Gott! haft Du die Welt erschaffen, nicht meinetwegen wirst Du ihre Gesetze ändern, nicht ich bin im Stande den Lauf der Dinge zu hemmen, den Deine Allweisheit vorzeichnet, und Unzufriedenheit ist Thorheit.

Nicht mein Wille, sondern Dein Wille geschehe, das ist der ganze Inhalt menschlicher Weisheit, mit der er die Wünsche seines Herzens beruhigen muß. Du hast ja in Deiner Vatergüte mich nicht minder bedacht als Deine übrigen Wesen, Du hast ja auch mir die Kräfte gegeben, die ich zu meinem Heile anwenden kann. So mir aber dies gelingt, so möge auch mein Herz befriedigt sein. Mein Leben und mein Heil sind in der Hand Gottes; Er, der den Himmel ausgebreitet hat über der Erde, er hat auch meine Schritte gezählt. „In seine Hand empfehle ich meinen Geist und mit meinem Geiste auch meinen Leib. Ist Gott mit mir, so fürchte ich nichts."

Gebet am Dienstag.

> Und Gott sprach: Es sammle sich das Wasser unter dem Himmel an einem Ort.
> Und Gott sprach: Die Erde lasse hervorsprießen Gras und Kraut und alles, was Samen hervorbringt.

Schöpfer des Himmels und der Erde! Du gebotest dem Wasser, daß es sich sammle in den

Tiefen der Erde, Du bestimmtest den Kreislauf der
Gewässer, daß sie aus den Quellen sich ergießen in die
Bäche und die Bäche sich vereinigen zu Flüssen und
Strömen, und „alle Ströme gehen in das Meer
und füllen es nicht", und die Dünste, die aufsteigen
aus dem Meere, bewässern wiederum das Land, daß
es fruchtbar werde. So giebt das Wasser Nahrung
dem Menschen und den Thieren und wird nicht
weniger in Ewigkeit. Und die Oberfläche hast Du
bedeckt mit Gewächsen aller Art, die Samen hervor=
bringen und Früchte tragen in tausendfältiger Abwech=
selung für die Bedürfnisse des Menschen. Ehe der
Mensch auf Erden wandelte, war sein Tisch ihm
bereitet. Du hast Deine Gaben ihm gespendet, noch
ehe er ihrer bedurfte, denn Du wolltest, daß er lebe
und sich des Daseins freue, Du bist ein liebender
Vater aller Deiner Geschöpfe, Du willst nicht, daß sie
Mangel leiden. Wie sollte ich fürchten, daß Du mich
vergessen werdest, daß meines Leibes Nahrung mir
fehlen könnte. Du segnest unserer Hände Werk, bald in
reicherer Fülle, bald in geringerem Maße, aber was
ich auch erwerbe, es ist nicht die Frucht meiner
Anstrengung, sondern die Spende Deiner Gnade. „Du
öffnest Deine Hand und sättigst alles, was da
lebt, mit Wohlgefallen". Dir allein gebührt der
Dank meines Herzens für den Segen, mit dem Du
mich begnadigst, denn „Dein ist die Erde und was
sie füllet". Mit diesen Gedanken will ich Deine
Gaben genießen und Deine Güte preisen.

    Aber auch Du sei bei mir allezeit und gieb

Gedeihen dem Werke meiner Hände. Nicht meines Fleißes will ich mich rühmen, nicht meiner Weisheit und Geschicklichkeit will ich vertrauen, aber wenn Du dabei in meiner Hilfe bist, so wird der Segen mir nimmer fehlen. Amen!

Gebet am Mittwoch.

> Und es machte Gott die beiden großen Lichter, das größere Licht, daß es den Tag regiere, und das kleinere Licht, daß es die Nacht regiere, dazu auch die Sterne.

Schöpfer des Himmels und der Erde! Das Werk des vierten Schöpfungstages prangt in erhabener Majestät am Himmel und predigt von Deiner Größe, und seine vernehmliche Stimme spricht: „Was ist der Mensch, daß Du noch sein gedenkest? Der Erdensohn, daß Du Dich seiner annimmst?" Und dennoch hebt sich der Blick in unnennbarer Sehnsucht zu den Sternen empor. Der Himmel mit der Sonne dem Monde und den Sternen, er ist das heiligste Buch Deiner Offenbarung. Kein Sterblicher vermag seinen ganzen Inhalt zu erforschen, aber das Wenige, das wir zu lesen vermögen, reicht hin, uns mit dem erhabensten Gedanken zu erfüllen. Um die Erde wandelt der Mond, um die Sonne wandelt die Erde und alle Wandelsterne mit ihren Begleitern, und zahllos ist das Heer der Sonnen, und alle, alle bilden

eine Welt, und zahllos ist das Heer der Welten. Gott,
Gott! Unaussprechlicher! wo ist der Mittelpunkt Deiner
Herrlichkeit? Und alle Welten sind entstanden, und
alle Welten werden vergehen, und Du warst früher
als alles Geschaffene, und Du wirst es überdauern.
Der menschliche Geist hat kein Maß für die Räume
und die Sprache keinen Ausdruck für die Zahl der
Jahre Deiner Herrschaft, und nur die eine Erkenntniß
ist der Zielpunkt menschlichen Wissens: Raum und
Zeit sind nicht vor Gott vorhanden, sie sind nur
menschliche Begriffe. Doch die Sehnsucht nach einer
höheren Erkenntniß wird nicht ewig ungestillt in mir
bleiben. Mein Körper gehört der Erde, aber mein
Geist gehört der Welt. Einst wird er nicht mehr gefesselt sein an die irdische Hülle, und wenn er gelöst
sein wird von dem Staube der Erde, dann vermag er
sich aufzuschwingen, vielleicht von Stufe zu Stufe zu
neuen Kreisen der Erkenntniß, vielleicht von Leben zu
Leben zu höherem Range in der Reihenfolge Deiner
Geschöpfe, aber jedenfalls näher zu Dir; und mehr zu
wissen von der Welt und von dem Schöpfer, das ist
Seligkeit. Wenn ich meinen Geist vervollkommne hier
auf Erden, so reift er zur Seligkeit heran. Laß mich
einst ihrer theilhaftig werden, mein Gott und Vater!
Amen!

Gebet am Donnerstag.

Und Gott sprach: Die Erde bringe
hervor lebendige Wesen nach ihren
Arten, Vieh, Gewürm und Gewild
der Erde nach ihren Arten! Und es
geschah also.

Schöpfer des Himmels und der Erde! Ehe das
Menschengeschlecht auf Erden lebte, war diese schon ein
Wohnsitz der Thiere. Die unvollkommensten Gattungen
hast Du zuerst geschaffen, ihnen folgten solche, die
Du mit Aeußerungen höherer Lebensthätigkeit begabtest,
und, aufsteigend von Stufe zu Stufe, waren sie
die Vorläufer des vollkommensten der Erdenbewohner:
des Menschen. Mein Gott und Vater! Wie sollten
diese Betrachtungen nicht den Gedanken in mir erwecken,
daß auch der Mensch nicht der vollendete Inbegriff
Deiner Schöpferweisheit sei! Freilich wohl weiß ich
es, daß auf Erden kein Wesen höher steht, als der
Mensch, aber unendlich sind die Mängel die an ihm
haften, und jede höhere Vollkommenheit, die meinem
Geiste denkbar, wenn auch unerreichbar ist, bezeichnet
höhere Wesen, die Dein Willen zu erschaffen vermag.
So lange ich auf Erden bin, werde ich die Räthsel
Deiner Schöpfung nicht lösen, und die Menschennatur
einzig und allein bleibt das für mich Bestimmte und
ihre höchste Ausbildung das Erreichbare. Und ist das
wenig? O nein! ich weiß es, es ist sehr viel. Nicht
die Fähigkeiten allein, die den Menschen seinem irdischen

Wesen nach vom Thiere unterscheiden, sind sein Vorzug, sondern die Fähigkeit, die Du ihm gegeben hast, auch sich selber zu vervollkommenen. Nur durch diese steht er höher als seine Mitgeschöpfe. Die vollkommene Menschenwürde kann entwickelt oder vernachlässigt werden. Das ist die freie Thätigkeit des menschlichen Geistes. Du selber bist sein Urbild und sein Vorbild. O, segne, gütiger Vater, mein Bestreben, Dir immer näher zu treten. Du bist die höchste Weisheit, so will auch ich nach Weisheit ringen. Du bist allgütig, darum will auch ich gütig sein und meine Kräfte zum Wohle meiner Nebenmenschen gebrauchen. Du bist allgnädig, darum will auch ich denen vergeben, die mich beleidigen. Du bist allgerecht, darum will auch ich Gerechtigkeit fördern helfen unter den Menschen. Du bist die Wahrheit, bei Dir ist nicht Trug und Wahn, darum will auch ich mich mehr und mehr entfernen von Schein und Eitelkeit, auf daß ich meine menschliche Natur immer mehr ausbilde, bis zu dem Grade der Vollkommenheit, dessen sie fähig ist. Amen.

Gebet am Freitag.

Und es bildete Gott der Herr den Menschen aus Staub von der Erde und blies in seine Nase einen lebendigen Geist.

Schöpfer des Himmels und der Erde! Du hast den Menschen am sechsten Schöpfungstage aus Staub

von der Erde gebildet, und einen lebendigen Geist
ihm eingehaucht, also daß er ein lebendiges Wesen wurde.
Staub von der Erde ist der Urstoff seines Daseins und
dennoch hast Du ihn in Deinem Ebenbilde geschaffen, daß er Dir ähnlich sei. Wie könnte ich bei
dieser Betrachtung noch Zweifel hegen, daß Du den
Menschen als ein Doppelwesen geschaffen hast, das eine
Verbindung ist von Körper und Geist. „Der Staub
kehrt wieder zur Erde zurück, davon er genommen ist", der Geist aber ist lebendig und unsterblich und „kehret wieder zu Gott zurück, der
ihn gegeben hat". O möge es Dein Wille sein,
mein Gott und Vater, daß ich nicht abweiche von der
Lebensbahn, die diese Erkenntniß mir vorschreibt. Eingedenk will ich immerdar dessen sein, daß mein Leib
nur Staub ist. Vergänglich ist die Hülle wie alles
Irdische, ihre Tage sind gezählt, und ihr Wesen ist leicht
zerstörbar. Und daß ich nicht thöricht mit meinem Leibe
verfahre, dazu hast Du den Geist als seinen Wächter
eingesetzt. Ich will seiner Stimme gehorchen, denn sie
ist die Stimme der Vernunft, die mich warnt, dem
Genusse zu fröhnen, der Trägheit und der Unmäßigkeit
anheimzufallen, auf daß ich nicht Schaden leide. Mehr
als dies kann ich für das Wohlsein meines Leibes nicht
thun; daß er außerdem gesund und rüstig bleibe, das
hängt von Deiner Gnade ab, die Du mir gewähren
wollest, gütiger Vater!

Eingedenk will ich aber auch immerdar dessen sein,
daß mein Geist nicht sterblich ist, daß er nicht der Erde
angehört, daß er bestimmt ist, zu Dir aufzustreben, Dich

als Inbegriff aller Vollkommenheit zu verehren und
immer mehr und mehr Dir ähnlich zu werden. Mein
Körper wird in Staub zerfallen und im Haushalte der
irdischen Natur zu neuen Zwecken dienen; dann aber
wird der Geist frei sein von den Fesseln des Körpers und
des Ranges theilhaftig werden, dessen er sich würdig gemacht hat durch Weisheit und Tugend auf Erden. Darum
soll meine Seele nicht meinem Leibe unterthänig sein,
wohl aber sollen die Kräfte meines Leibes dem reinen
Begehren der Seele dienen, zu sammeln Lehre und
Erfahrung, Tugend und Weisheit. Amen!

Gebet am Neumondstage.

ראש חדש

Großer, erhabener Lenker der Welten! Die Erde
wandelt dahin in ihrer Bahn, und der Mond begleitet
sie nach jenen unabänderlichen Gesetzen, die Du ihnen
vorgeschrieben hast, und wenn sie tausend und abertausend
Mal ihren Kreislauf durchmessen, so wandeln sie
dennoch fort in junger Kraft und ewiger Schönheit.
Daß auch sie altern und einem Ende entgegengehen,
ist für ein menschliches Auge nicht ersichtlich. Wie
anders ist es mit mir! Des Menschen Dasein auf
Erden ist vergänglich und hinfällig; und selbst der
Glückliche, der in Fülle der Gesundheit und in Kraft
der Jugend seines Lebens sich erfreut, wird durch das
Erscheinen des wieder sichtbar gewordenen Mondes

daran erinnert, daß abermals ein Zeitabschnitt hinter
ihm liegt, daß er näher gerückt ist dem Ziel seiner
Tage, daß die Zeit unwiederbringlich für ihn dahingeht
und ihr Werth nur in dem liegt, was er Gutes
in ihr verrichtet. Darum betrachte ich den Wechsel
des Mondes mit ernsten Gedanken und bitte Dich,
mein Gott, laß' meinem Geiste die Einsicht und meiner
Hand die Kraft, die Zeit zu nützen nach Deinem Wohl=
gefallen. Wenn mir dies gelingt, das fühle ich wohl,
so bin ich mehr als Mond und Erde. Du hast ihnen
ihren Weg bezeichnet, den sie wandeln müssen, und es
liegt nicht in ihrer Macht und in ihrem Willen,
davon zu weichen, es ist kein Verdienst für sie, wenn
sie fortschreiten nach Deinem Gesetze. Auch mir hast
Du die Bahn der Religion und Tugend vorgeschrieben
und dennoch mir es überlassen, sie zu wählen oder zu
verlassen: ich kann das Verdienst der Tugend mir er=
werben. Mond und Erde können Dich nicht preisen,
Dir nicht danken und nicht zu Dir beten, ich aber kann
mein Herz zu Dir erheben, kann zu Dir mich wenden,
wie das Kind zu seinem Vater. Ich weiß es, daß
Du der Lenker meines Schicksals bist, daß Du mich
beschützest und behütest.

Darum flehe ich denn auch zu Dir, mein Vater!
Beschütze und bewahre mich vor Leid und Trübsal, vor
Krankheit und Gefahr. Sei in Deiner Gnade mit mir
und den Meinigen allen auch im Laufe dieses Monats.
Amen!

Gebet beim Anzünden der Sabbath- und Festlichte.

בָּרוּךְ אַתָּה יְיָ אֱלֹהֵינוּ מֶלֶךְ הָעוֹלָם אֲשֶׁר קִדְּשָׁנוּ
בְּמִצְוֹתָיו וְצִוָּנוּ לְהַדְלִיק נֵר שֶׁל שַׁבָּת*:

Gelobt seist Du, Ewiger, unser Gott, König der
Welt! der Du in Deiner heiligen Lehre den Sabbath
(heutigen Feiertag) eingesetzt hast, daß er uns sei eine Zeit
des Friedens und der Freude. Ich grüße seinen Eintritt,
so wie ich einen lieben Gast begrüße, der mit freund-
lichem Angesicht meine Schwelle betritt. Ich habe die
Räume meiner Häuslichkeit geschmückt und die Lichter angezündet, auf daß es nicht düster und trübe um mich her
sei am heiligen Sabbath (Feiertag). Möge es auch Dein
Wille sein, mein Gott, alle trüben und düstern Gedanken
fern zu halten von meinem Gemüthe, laß mich: Freudigkeit und Freundlichkeit um mich her wahrnehmen bei
allen die ich liebe, und für deren Ruhe und Wohlsein
und Frieden ich voll Inbrunst zu Dir bete. Amen!

Sabbath-Einzug.
(Freitag Abend.)

לְכָה דוֹדִי

Auf, auf! mein Freund, und säume nicht,
Sie kommt mit holdem Angesicht!
O, laß' uns mit Verlangen
Die süße Braut empfangen!

---

*) An Festtagen spricht man statt der letzten drei Worte:
נֵר שֶׁל יוֹם טוֹב

Ihr Angesicht ein Engelsbild,
Ihr Blick ein Strahl so licht und mild,
Ihr Mund, er ladet Dich zum Kuß.
Ihr Kuß, der Wonne Hochgenuß!
Ihr Lächeln grüßt wie Sonnenschein,
Der leuchtet tief in's Herz hinein.
Das ist ein Gruß, ein treuer;
O, heil'ge Sabbathfeier.

Auf, auf! u. s. w.

Als Gott das Schöpfungswerk vollbracht,
Da ist in's Dasein sie erwacht;
Sie ist so alt, wie Sonn' und Mond
Und Alles, was auf Erden wohnt.
Und bleibst doch jung für alle Zeit
In ew'ger Kindesliebichkeit,
Wie täglich jung die Sonne,
O, heil'ge Sabbathwonne!

Auf, auf! u. s. w.

Sie bringt Dir einen Labetrunk,
Der macht das Herz Dir frisch und jung,
Daß Du der Sorgen böse Last
Vergessen und verloren hast,
Wenn nur Dein Mund den Kelch berührt,
Den sie an Deine Lippen führt,
Daß Dich sein Geist erfülle.
O, heil'ge Sabbathstille!

Auf, auf! u. s. w.

Es ruht die Arbeit meiner Hand.
Ich kleide mich in's Festgewand,
Ich breite meine Arme aus,
Die Königin zieht in mein Haus!

Dort strahle heller Kerzenglanz,
Wie ihres Hauptes Strahlenkranz!
Das Licht ist ihr Geschmeide.
O, heil'ge Sabbathfreude!

Auf, auf! u. s. w.

Was klingt so lieblich an mein Ohr?
Sie ist's, sie ruft den Klang hervor!
Der ruft mich in mein Gotteshaus,
Dort zieht des Herzens Leid hinaus,
Dort ist die Seele ungetrübt
Beim Vater, der die Kinder liebt;
— Er schuf sie nicht im Grimme —
O, heil'ge Sabbathstimme!

Auf, auf! u. s. w.

Freitagabend-Lied.

Preise Gott nun, meine Seele!
Preise ihn, den Herrn der Herrn!
Wenn ich seine Wunder zähle,
Hört es Gott der Vater gern;
Reichen nimmer die Gedanken
Auch für seine Größe hin,
Gott kennt meines Geistes Schranken,
Weiß, daß nur ein Mensch ich bin.

Schöpfer ist er aller Dinge,
Und er bleibt es fort und fort;
Daß er eine That vollbringe,
Reicht sein Wille hin, sein Wort.

Schöpfer, doch erschaffen nimmer,
War er da vor aller Zeit,
Unverändert bleibt er immer
Bis in alle Ewigkeit.

Er ist Herr, und seinem Willen
Sind die Welten unterthan,
Seine Vorschrift zu erfüllen,
Rollen sie auf ihrer Bahn.
Sterne, Monde, Erden, Sonnen
Wandeln hin auf sein Geheiß,
Seit zu wandeln sie begonnen;
Er bestimmte ihren Kreis.

Helfer ist er allen Seinen
Alle liebt er, Groß und Klein;
Wenn wir uns verlassen·meinen,
Ist er Stütze uns allein.
Darum will ich nie verzagen,
Wenn mich Harm und Leid bedroht,
Fröhlich ihn zu bitten wagen,
Der da hilft aus aller Noth.

Heilig ist er   Ihn verehren
Ist des Menschen Heiligkeit,
Ihm nur sei nun mein Begehren
Und mein Sabbath ganz geweiht.
Fröhlich ist mein Geist erhoben,
Seines Werthes sich bewußt;
Kann ich meinen Schöpfer loben,
Das ist heilige Sabbathluft.

Psalm 67.
(Zum Sabbath-Ausgang.)

O, sei uns gnädig, Herr, mein Gott!
Und gieb uns Deinen Segen,
Laß' leuchten uns Dein Angesicht
Auf unsern Lebenswegen,
Daß wir erkennen Deinen Weg,
Den rechten, auf der Erde,
Daß Deine Hilfe anerkannt
Von allen Völkern werde;
Auf daß, o Gott, Dir dankend naht
Der Nationen Menge,
Daß jedes Volk vor Dir erhebt
Die höchsten Lobgesänge,
Daß Deiner Allgerechtigkeit
Sie jauchzen voll Entzücken,
Daß sie der Welt Regierung nur
In Deiner Hand erblicken.
Bis endlich Deiner Größe Lob
Aus jedem Mund erschalle,
Bis dankend sich vereinigen
Vor Dir die Menschen alle.
Du bist es, der des Feldes Frucht
Der Erde läßt entsprossen;
So ist, o Gott, aus Deiner Huld
Der Segen uns geflossen;
So wird auch ferner Gott allein
Uns seine Gaben senden;
D'rum sei ihm Ehrfurcht dargebracht
An allen Erden Enden.

Sabbath-Ausgang.
(Lied.)

Du, Hocherhabener! wählst
Die Wolken Dir zum Sitze
Und schau'st auf uns herab
Und bist uns Fels und Stütze.
Du warst der Väter Hort
Und bleibst es auch den Kindern,
Und Deine Liebe kann
Sich nie und nie vermindern.

Es dunkelt nun die Nacht,
Und sie umhüllt die Erde,
Auf daß nach kurzer Rast
Es wieder Morgen werde;
Der heil'ge Sabbath weicht,
Der Labetag der Frommen,
Auf daß zu neuem Werk
Der Woche Tage kommen.

O laß uns neu gestärkt
Zurück zur Arbeit kehren,
Und Weisheit und Verstand
Durch Thätigkeit vermehren,
Und wie Dir wohlgefällt
Der Tag, den wir Dir weihen,
So giebst Du auch dem Fleiß
Gelingen und Gedeihen.

O, stärke uns're Kraft,
Daß Gutes wir vollbringen;
Von Dir kommt alles Heil,
Gedeihen und Gelingen.

So wie bisher die Kraft
Wir Dir zu danken hatten,
Laß' ferner uns're Hand
In Schwäche nicht ermatten.

So sinke nun hinab,
Du letzte Sabbathstunde,
Begleitet von dem Lob
Des Herrn aus uns'rem Munde.
Er bringt der Woche Lauf
Uns wiederum zum Segen
Und führt auf's Neue uns
Der Sabbathruh' entgegen.

Gebet am Tage der Confirmation.

Gütiger Gott! Mit erfurchtsvoller Erwartung
habe ich seit langer Zeit dem Tage entgegengesehen, der
heute für mich gekommen ist.

Ich soll nun heute hintreten vor Dein Angesicht,
um im Bewußtsein Deiner Allgegenwart und vor den
Augen vieler Zeugen das Gelöbniß auszusprechen, daß
ich treu bleiben will der heiligen Religion, in der ich
geboren und belehrt bin, treu bleiben will dem Wege
der Tugend und Dich anbeten will im Geiste und nach
der Lehre Moses, Deines Propheten, bis an das Ende
meines Lebens.

Eine lange und ernste Vorbereitung ist diesem Tage
vorangegangen, und Alles hat darauf hingedeutet, daß

er ein Tag von hoher Wichtigkeit für mich sein soll,
daß er mannichfache Empfindungen in mir
erwecken, heilige Scheu in mir hervorrufen
und Gedanken höherer Natur in mir anregen
muß.

Meine Empfindungen sind: Dank und Freude,
Hoffnung und Zaghaftigkeit. Ich will sie vor Dir
offenbaren, mein Gott.

Ich danke Dir aus tiefster Seele für das Glück
der Kindheit, das ich genossen. Ich danke Dir aus
tiefster Seele dafür, daß Du liebende, zärtliche Eltern
mir gegeben hast, die den Pfad meiner Jugend so
herrlich geebnet, die kein Opfer gemieden haben, mein
Glück zu begründen, meinen Geist zu bilden. Und auch
die Freude belebt mein Herz. Ich vermag heut öffentlich
ihnen recht von Herzen zu danken und sie in der
Hoffnung auf das Wohlgedeihen ihres Kindes glücklich
zu machen. Auch die Hoffnung erfüllt meine Brust,
denn ich hege die Zuversicht, daß ich unter dem Schirme
der Tugend, wie Dein heiliges Gesetz sie vorschreibt,
glücklich seine werde. Aber auch der Zaghaftigkeit
kann ich mich nicht entschlagen! Ob ich immer Kraft
genug besitzen werde, allen Versuchungen Trotz zu bieten?
ob ich immer besonnen genug sein werde, über mich
selbst zu wachen? — —

Und eine heilige Scheu ist es, die den heutigen
Tag mir weihevoll macht. Es ist die Scheu vor der
Sünde. Das Beispiel gottesfürchtiger Eltern, der
Unterricht treuer Lehrer haben die Erkenntniß der
Sünde in mir erweckt, die Liebe zur Tugend und zur

Wahrheit in mir wach gerufen, und das Bewußtsein in mir gekräftigt, daß die Tugend das Glück, die Sünde das Unglück in sich birgt.

Und die Gedanken höherer Natur, die heute mich beleben, das sind die Gedanken an Dich. Wie glücklich fühle ich mich, erkannt zu haben, daß Du allein Gott bist im Himmel und auf Erden, daß Du ewig bist und unbeschränkt im Raume und in der Zeit, daß Du ein gerechter Richter bist, der das Gute belohnt und das Böse bestraft, daß Du ein liebender Vater bist allen Menschen, und allen Wesen giebst, was für sie zum Heile ist, daß Du allwissend und allweise bist und zu den besten Zwecken die besten Mittel wählst, daß Du der Schöpfer der Welt bist, und alle Kräfte der Natur Dir unterthänig sind. Wie glücklich fühle ich mich, daß es mir vergönnt ist, Dich anzubeten, mein Hoffen und Vertrauen auf Dich zu gründen. O, so erhöre auch Du mein Gebet:

Du großer Gott, Du Herr des Lebens!
Steh' gnadenvoll mir Schwachen bei,
Auf daß ich heute nicht vergebens
In Deinen Bund getreten sei.

O führe mich auf eb'nem Gleise
Durch dieses Erdenleben hin,
Und mache mein Bestreben weise
Und fromm und edel meinen Sinn.

Ich möchte gut vor meiner Seele,
Wenn ich mich selber prüfe, sein,
Erkennen, wo und wann ich fehle,
Und jeden Fehler schnell bereu'n.

Ich möge gut und wohlgelitten
Vor allen Menschen sein, und reich
An allen angenehmen Sitten
Und immer nur den Besten gleich.

Ich möchte wandeln Deine Pfade,
Weil dort nur Heil ich finden kann,
Das gieb mir, Herr, in Deiner Gnade,
Ich flehe Dich in Demuth an.

Amen!

Gebet am Verlobungstage.

Mein Gott! Hinweg aus der lebendigen Auf=
regung, die mich umgiebt, und die, obschon hervorgerufen
durch Liebe und Güte Aller, die mir nahe sind, mich
dennoch nicht die Ruhe inbrünstiger Sammlung finden
läßt, flüchte ich mich auf einen Augenblick zu Dir,
mein Gott, um, abgezogen von allem Weltlichen, einsam
und ungestört, nur im Bewußtsein und im Gefühle
Deiner Nähe mein tiefbewegtes Herz vor Dir zu offen=
baren.

Der Ernst des Lebens tritt heute in seiner ganzen
Größe an mich heran und verlangt von meiner schwachen
Einsicht die Reife höchster Ueberlegung und die Festig=
keit des ernstesten Entschlusses.

Mir würde bangen vor dieser Aufgabe, und ich
wüßte keinen Ausweg, als ihr auszuweichen, wenn Du
nicht, o Herr, Kräfte in mein Herz gepflanzt hättest, die

da wohl vermögen mich muthig zu machen und meine
Leiter zu sein, daß den bedeutungsvollen Schritt ich
wage, den ich heut gehen soll und will.

Ja, in meinem Herzen wohnen die Kräfte, und
als freundliche Engel stellen sie sich lächelnd vor mein
Auge; sie heißen Liebe und Vertrauen.

Liebe und Vertrauen empfinde ich zu Dir, mein
Gott. Erzogen in den Lehren der Religion, fühle ich
mich als Dein Kind, das nicht unerhört sich zum Vater
wendet. Ich liebe Dich als meinen Wohlthäter von
Jugend auf, und lege vertrauensvoll mein Schicksal
in Deine Hand. Was Du über mich beschlossen hast,
das wird zu meinem Heile sein.

Liebe und Vertrauen empfinde ich zu meinen
Eltern, Ihren Willen achte ich selbst da höher als
meine Neigung, wo diese mit jenem nicht eins ist, um
wie viel mehr muß ihr Wille mir heilig sein, wo er
mit meinen Wünschen übereinstimmt. Was sie über
mich beschließen, ist nur Liebes und Gutes, was sie von
mir begehren, ist nur zum Segen für mich. So war
es von je.

Liebe und Vertrauen empfinde ich endlich auch
gegen ihn, der mir seinen Willen offenbart hat, mir
ein Schutz, und eine Stütze zu sein in allen Tagen, so
lange es Dir wohlgefällt, daß wir vereint die Wege
des Lebens gehen, gegen ihn, der von mir begehrt, daß
ich ihm die Hand zum Bunde reiche, um als treue
Gefährtin seines Lebens ihn nie zu verlassen in Glück
und Unglück.

Wenn aber dies Alles auch geeignet ist, mich frohen Muthes die Pflichten der Braut und bald die der Gattin übernehmen zu lassen, so bangt meine Seele dennoch, weil ich mir meiner Schwäche und Mangelhaftigkeit bewußt bin, weil ich es für gar leicht erachte, durch meine Fehler mir das Glück meines Lebens zu zerstören Darum bitte ich Dich, mein Gott, verlasse mich nicht, wie Du bisher mich nicht verlassen hast. Laß mein aufrichtiges Streben gelingen, meinen Geist verständig, mein Herz duldsam, mein Wesen angenehm und meine Lebensansprüche bescheiden zu machen. In Deine Hand befehle ich mein Leben heute und allezeit, weil ich Dich liebe und auf Dich vertraue. Du bist mein Wohlthäter, meine Stütze und Zuflucht. Amen!

Gebet während des Brautstandes.

Gütiger Gott! Näher und immer näher rückt der entscheidende Tag für mich heran, an dem ich das Haus meiner Eltern, die liebe Umgebung verlassen soll, in der ich gelebt habe von den Tagen meiner Kindheit bis jetzt. Der Tag naht heran, an dem ich einziehen soll in das Haus des Mannes, dem ich treu anzugehören gelobt habe für die ganze Zeit, die Du, mein Gott, für unsern gemeinsamen Lebensweg auf Erden bestimmt hast.

Je näher mir dieser Tag entgegentritt, desto mehr auch beschleicht mich das Gefühl der Bangigkeit. Ich weiß nicht, ob ich leicht oder schwer mich in die neuen Verhältnisse finden werde, ich weiß nicht, ob meine Kräfte und meine Einsicht ausreichen werden, den Pflichten der Hausfrau sogleich zu genügen, oder ob ich erst mit Mühe und Ausdauer mir die Fähigkeit, eine solche zu sein, werde erwerben müssen. Ich weiß nicht, ob ich mit Freude und Fröhlichkeit oder mit Sehnsucht und Bangen auf die Tage meiner Vergangenheit zurückblicken werde. Ich weiß nicht, ob mehr Wohlergehen oder mehr Leid und Trübsal mein Antheil sein werden. Denn wie der Würfel aus der Hand entrollt, so fällt das Los Aller, die ihre Zukunft abhängig machen von dem Bündnisse der Ehe. Nicht Weisheit und Ueberlegung, nicht Reichthum und Erfahrung bürgen für das Glück, ja selbst die Liebe der Gatten zu einander vermag nicht Bürgschaft zu leisten für Wohlsein und Zufriedenheit.

Dennoch will ich freudig der entscheidenden Stunde entgegengehen. Denn Du, gütiger Gott, warst mein Schutz und meine Hilfe bis heut, Du wirst es auch ferner sein. Du hast bisher meine Bahn geebnet; wie sollte ich glauben, daß Du später mich verlassen wirst. Nein, gestärkt und ermuthigt war ich stets, so oft ich mein Herz im Gebete zu Dir erhob, und diese Wohlthat kann ja auch ferner mir nicht fehlen. Auch in diesem Augenblicke empfinde ich ihre Süßigkeit, denn ich fühle, daß Du in meiner Nähe bist, daß ein Tempel für Dich errichtet ist in meinem Innern, in dem ich alle Zeit Zuflucht finde, ich fühle, daß ich Dich liebe und von Dir geliebt werde.

Und sollte die Anerkennung Deiner unendlichen Güte und Huld mich nicht immer mehr und mehr zum festen Glauben bestimmen, daß ich geborgen sein werde unter Deiner Fürsorge?

Du weißt es, daß ich nicht leichtfertigen Sinnes oder aus eitlem Verlangen nach erträumtem Glücke, dem Manne meiner Wahl Treue gelobt, sondern daß nur das Gefühl mich bestimmt hat, daß Du, mein Gott, es bist, der meinen Schritt billigt, und der von mir verlangt, daß ich ihm nicht ausweiche.

Darum empfehle ich Dir meine Zukunft. Was Du thust, das ist wohlgethan! Amen!

Gebet einer Braut am Hochzeitstage.

Allgütiger Vater im Himmel! Erbarmungsvoll schauest Du hernieder auf Deine Kinder auf Erden; Du wendest Dein Angesicht auf alle, die inbrünstigen Sinnes sich Dir nahen, und unerhört bleibt keine Seele, die in aufrichtiger Demuth vor Dir sich neigt, kein Herz, das hoffend und vertrauend im Gebete zu Dir sich wendet.

O, so sei auch jetzt mir nahe, da ich, wenn auch in schlichten Worten, mein übervolles Herz durch die Sprache des Gebetes vor Dir erleichtern will.

Sei mir gnädig, mein Gott! daß dieser Tag ein Tag des Heils für mich werde.

Sei mir gnädig, mein Gott! daß meine theuren Eltern all die Freuden erleben, für die sie mit den höchsten Opfern der Liebe diesen Tag sich erkauft haben.

Sei mir gnädig, mein Gott! daß mein Gatte in den Tagen der Zukunft die Stunde segne, die mich zu seiner Lebensgefährtin gemacht hat.

Sei mir gnädig, mein Gott! daß ich immerbar lichten Auges und willigen Herzens des Weges gehe, auf dem ein tugendhaftes Weib die Pflichten der Gattin und Hausfrau übt.

Sei mir gnädig, mein Gott! daß nicht des Schicksals Bürde allzuschwer auf meinen Schultern laste, wenn nach dem Rathe Deiner Allweisheit es mir bestimmt ist, Zeiten der Prüfung zu ertragen.

Sei mir gnädig, mein Gott! daß ich Dein nicht vergesse, wenn der süße Klang der Fröhlichkeit und der Freude mich umrauscht.

Sei mir gnädig, mein Gott! daß ich Muth und Ausdauer nicht verliere, wenn Mühe und Arbeit mein Antheil sind.

Sei mir gnädig, mein Gott! daß mein Sinn frei bleibe von Stolz und Uebermuth, wenn Glanz und Wohlstand meine Tage sorglos machen.

Alle diese Bitten und unzählige andere drängen sich heut in meinem Herzen, und ich vermag nicht ihre Zahl zu bestimmen, ihre Innigkeit in schwachen Worten zu offenbaren. Du aber, mein Gott! schaust in mein Inneres, vor Dir sind meine Gedanken offenbar, und die

Gefühle der Betenden sind Dir nicht verborgen. Darum fasse ich sie alle in das eine Flehen: Sei meine Hilfe, sei mein Hort, wende Deine Liebe nicht von mir, wie Du sie bisher mir nicht versagt hast.

Ach! schon drängt die Zeit, daß ich mich schmücken lasse, um als Braut lieblich zu erscheinen dem Blicke des Bräutigams, der meiner harrt, daß der Segen der Religion das Siegel drücke auf den Bund unserer Herzen. Auch er erwartet das Glück seines Lebens von dem Segen dieses Tages, auch er ist gleich mir bereit, fortan all' sein Denken und Thun dem Bunde der Liebe zu weihen, den uns're Herzen geschlossen haben; o, sei auch mit ihm, daß er finde, was er sucht: Glück und Zufriedenheit, Frieden im Hause und Freude an seiner Thätigkeit. Laß ihn den Lohn finden für all' sein Streben, mit dem er die Selbstständigkeit sich er= worben, für all' den Fleiß, mit dem er sich emporge= arbeitet, daß er nun ein Haus sich gründe.

Um dieses Haus, laß es sein eine Stätte der Tugend und der Gottesfurcht, lieblich in Deinen Augen und angenehm in den Augen der Menschen.

Ach, Herr mein Gott! ich fühle, daß Du bei mir bist, ich danke Dir für die Erhebung, die Du im Ge= bete mir zugewandt. Ich trockne die Thräne der An= dacht und eile hin, wo ich die der Freude vergießen will. Du bist mein Trost und meine Zuflucht, Deiner Liebe will ich heute mich erfreuen, o, wende nie sie von mir ab. Amen!

Gebet einer Neuvermählten.

Gütiger Vater aller Menschen! Deine Gnade hat
mich begleitet von meinem ersten Tage auf Erden bis
hierher. Du hast mir beigestanden in den ersten Tagen
meiner Kindheit, aus Gefahren mich errettet, vor Noth
und Kummer mich behütet, und, geführt von Deiner
Hand, bin ich nunmehr zu der Aufgabe gelangt, als
treue Gattin, als sorgsame Hausfrau mich zu bewähren.
Welch' anderes Gefühl, als das des kindlichen Dankes
könnte ich Dir jetzt entgegenbringen, wenn mein Herz
mich aufruft, daß ich im Gebete mich Dir nahe! Aber
alle Worte des Dankes würden nicht hinreichen, ein
würdiger Ausdruck der Erkenntlichkeit zu sein für die
tausend und aber tausend Wohlthaten, die Du mir erwiesen hast. Darum will ich still in meinem Innern,
doch unverborgen vor Dir, das Gelöbniß thun, durch
Thaten, nicht durch Worte, Dir, meinem gütigen Vater,
zu zeigen, daß ich ein dankbares Kind bin. Ich will
mich aufraffen mit aller Kraft, die Fehler zu erkennen,
die an mir haften, und will sie abthun. Ich will alle
Mängel des Flattersinnes, die ich herüber gebracht habe
aus dem Stande der Jungfrau in den der Gattin,
bekämpfen in meinem Wesen, daß ich mit Ernst das
Gebiet meiner Pflichten überschauen und in dasselbe
mich hineinleben kann. Noch umspielt und umtändelt
mich die Sorglosigkeit des jungen Ehelebens, aber ich
weiß es wohl, daß es von Tag zu Tag mehr und

mehr sein ernstes Angesicht mir zeigen wird. Mein
Gatte wird, in Anspruch genommen von den Obliegen=
heiten seines Berufes, mir nicht immer mit dem
Angesicht der Zärtlichkeit entgegentreten können; dann will
ich es ihm nicht für Lieblosigkeit deuten, sondern meine
Zuvorkommenheit verdoppeln, um ihm das Leben in
seinem Hause angenehm zu machen. Ich will zu den
Lasten seines Tagewerkes nicht noch die häufen, meine
Launen ertragen zu müssen, ich will ihn nicht beschweren
mit solchen Dingen, die ich allein verrichten kann, und
mir Mühe geben, sein Leben angenehm zu machen
und seine Bürde ihm zu erleichtern. So will ich be=
strebt sein, ein Weib zu werden, wie Lemuel es be=
schrieben: „Das ihrem Gatten Liebes und kein
Leides thut ihr Leben lang", denn „trüglich
ist die Anmuth, nichtig ist die Schönheit, nur
ein gottesfürchtiges Weib ist rühmenswerth."

Und so Du in Deiner Allwissenheit es bestimmt
hast, daß Tage der Prüfung über ihn kommen, so will
ich treulich ausharren, liebend und helfend an meines
Mannes Seite, ich will nicht murren, wenn ich Ent=
behrungen erleide, Noth und Kummer mit ihm tragen
muß.

Du aber, gütiger Vater! sei mit ihm, mache die
Sorge für das Haus ihm leicht, und seine Wohnung
zur Stätte seiner Lust und Freude, daß er seine Schritte
nicht unmuthig von ihr abwende, wenn er eine Stunde
der Erholung sucht, daß nie es ihm drückend werde,
die Sorge für mein Wohl auf seine Schulter gelegt
zu haben.

Erhöre, gütiger Vater! all' diese meine Bitten,
zu welchen ich die Veranlassung zu überschauen ver=
mag; wohin aber mein beschränkter Blick nicht reicht,
was meiner geringen Erfahrung noch nicht wahrnehm=
bar ist, auch das lege ich mit Vertrauen in Deine
Hand, denn Dir empfehle ich mein Leben und mein
Heil; was Du thust, ist wohlgethan! Amen!

Gebet einer Wöchnerin.

Gnädiger Gott! Du mein himmlischer Wohl=
thäter! Aus der Tiefe meines Herzens steigt mein
Dank zu Dir empor, da ich in Freude zurückblicke auf
die Zeit, die, noch vor Kurzem von mir erwartet, mich
mit Bangen erfüllte. Deine Hilfe ist mir nahe gewesen,
durch Dich bin ich erlöset und unendlich reicher geworden,
da Du ein holdes Kind mir (wiederum) geschenkt hast.
(Wieder lausche ich mit Muttersorge und Mutterlust
auf seine Athemzüge, wiederum treten die Bilder einer
schönen Zukunft vor meine hoffende Seele.) Ich lausche
mit nie geahntem Mutterglück auf seine Athemzüge, und
die Bilder einer schönen Zukunft treten vor meine
hoffende Seele, wenn ich daran denke, daß ich mein
liebes Kind erziehen, seine Entwickelung beobachten und
leiten und an seinem Gedeihen mich ergötzen soll.

Du weißt es, mein Gott, daß ich meine Pflicht
erfüllen, die reinste Mutterliebe bethätigen und nicht

ruhen und rasten will in der Sorge um das Gedeihen
meines Lieblings.

Aber alles menschliche Wollen und Streben reift
nur zum Segen, wenn Du, o Gott, Deinen Beistand
giebst. Darum flehe ich zur Dir: O, stehe mir bei in
meinem Vornehmen. Erhalte mein Kind gesund an Leib
und Seele, erhalte auch mich gesund zu seinem Heile,
segne auch meinen Gatten, daß er immer in Freude
und Fröhlichkeit für sein Haus zu sorgen vermöge.
Schenke uns beiden die süße Lust, unser Kind kräftig
emporwachsen zu sehen, daß es angenehm sei in Deinen
Augen und in den Augen der Menschen. O, wie
freue ich mich heute schon der Zeit, daß ich es werde
anleiten können, selbst zu Dir zu beten, Dich zu lieben
und zu verehren, Dich von ganzem Herzen Vater zu
nennen, wie ich Dich Vater nenne.

O sei mir gnädig und bleib in meiner Hilfe. Amen!

Gebet einer Mutter während der Aufnahme ihres Sohnes in den Bund Abrahams.

Lob und Preis, Dank und Anbetung widme ich
Dir, Allbarmherziger! Du hast mir beigestanden zur
Zeit der Noth und hast mein Herz erfreut durch Dein
himmlisches Gnadengeschenk, da Du (wieder) einen
Sohn mir gegeben, und meine Seele (auf's Neue)
erfüllt hast mit dem Glücke mütterlicher Sorge und

mütterlicher Liebe. Und harren auch meiner (wiederum)
in der Pflege meines Kindes Kummer und Mühsal
hundertfach, so werden sie dennoch tausendfach auf=
gewogen durch die Lust und das Entzücken, die der Besitz
und der Anblick meines lieben Kindes mir bringen muß.
Darum bin ich auch in Fröhlichkeit damit einverstanden,
daß er nunmehr durch das Opfer seines Blutes auf=
genommen werde in den Bund, den Du mit Abraham
geschlossen hast. O laß', mein Gott, ihn auch im Geiste
und in der Wahrheit ein treues Mitglied dieses Bundes
werden, daß er frei und gern sich zu ihm bekenne
in der Zeit der Reife seines Geistes. Vor Allem
aber laß' den Begründer des Bundes sein frei er=
wähltes Vorbild sein. Wie Abraham seinen Blick zu
den Sternen erhob, und die Seligkeit des Glaubens
an Dich gewann, so möge auch mein Sohn sein Auge
zum Himmel erheben in seinen heiligsten Angelegenheiten,
und Gottes Walten im Geiste erkennen und im Herzen
empfinden. Wie Abraham dem Menschen ein Vorbild
wurde, so laß meinen Sohn reif werden, daß auch sein
Beispiel geeignet sei, den Irrenden den rechten Weg
zu zeigen. Wie Abraham die Neigungen und Wünsche
seines Herzens unterdrückt hat, wo es galt, sie Dir zum
Opfer zu bringen, so laß auch ihn bereit sein, sich selbst
zu verleugnen um seines Gottes willen. So wie
Abraham als ein Muster der Nächstenliebe gelebt hat
unter seinen Zeitgenossen, so möge auch mein Sohn es
werden unter den seinigen, übertrage auch auf ihn den Segen,
den Du Deinem Liebling Abraham zugetheilt, daß er
selbst ein Segen sei unter den Menschen.

Aber auch das flehe ich, Allbarmherziger! Wie Du warst mit Abraham, dem Vater unseres Volkes, wie Du ihn begnadigt hast mit Glück und Freude, Leben und Wohlsein, so sei auch mit meinem Sohne immerdar. Erhöre mein Gebet, Allgütiger! Amen!

Gebet einer Wöchnerin bei ihrem ersten Besuch des Gotteshauses.

Mein Gott! „Durch die Fülle Deiner Gnade betrete ich Dein Haus, bücke mich vor Dir in Deinem Heiligthume in Ehrfurcht." Wie schön und lieblich ist diese Stätte! wie fühle ich hier doppelt die Nähe meines Gottes! Ja, mein Gott! ich danke Dir, daß Du meinen Fuß wieder geleitet hast, die Schwelle Deines heiligen Tempels zu über= schreiten.

Du hast in Deiner Liebe und Güte (auf's Neue) ein heiliges Gut mir anvertraut, daß ich es treu be= wahre nach Deinem Willen. O, so höre auch mein Gelöbniß, daß ich es so halten und hüten will, um jederzeit mit freudigem Bewußtsein Rechenschaft vor Dir ablegen zu können. Du hast mir (wieder) ein holdes Kind geschenkt und mit dieser Gabe mein Herz beglückt, darum will ich nun Dir geloben, daß ich es erziehen will in Deinen Wegen. Du hast (wiederum) meine Kraft gestärkt, darum will ich sie anwenden in Deinem Dienste, in Tugend und Frömmigkeit.

O, sei auch Du ferner mit mir! Laß' das Kind zu meiner und zu seines Vaters Freude wachsen und erblühen, und wenn es einst herangewachsen ist, so mache es angenehm vor Dir und den Menschen. Möge es immerdar in Deinen Wegen wandeln und sein Name . . . . ehrenvoll genannt werden.

Dich preise ich, mein Gott, Dir danke ich, und zu Dir bete ich.

Alles Gute kommt von Dir, Du warst mein Wohl= thäter, Du bist es und wirst es bleiben fürderhin. Amen.

Gebet einer Mutter am Tage der Confirmation ihres Sohnes.

Du hast in Deiner Liebe, Allgütiger! mir heute (wiederum) einen Tag geschenkt, an dem ich Deine Gnade lebhafter erkenne und tiefer empfinde, weil er ein Tag ist, den mein Herz ersehnt seit langer Zeit. Mein lieber Sohn . . . . . , den ich in Liebe zu Dir und zur Kenntniß Deines Wesens und Deines Willens zu erziehen bestrebt war, ist nunmehr so weit gediehen, Dich selbstständig und aus eigenem Antriebe verehren und Deine heilige Gebote ausüben zu können, und ist heute bereit, durch feierliches Gelöbniß sich seinen

Pflichten als Israelit zu unterwerfen. Dank Dir,
mein Gott! daß Du mir (und meinem Gatten) die
Freude vergönnt hast, Zeuge dieser Handlung zu sein.
An das Gedeihen meines Sohnes knüpfen sich meine
schönsten Hoffnungen. O, gieb, daß diese nie und nimmer
getäuscht werden, daß mein Sohn bei meinem (unserem)
Leben und über dasselbe hinaus auf der Bahn der
Tugend und Redlichkeit bleibe, und auch als ein
Israelit nicht aufhöre, Dich vor Augen und im Herzen
zu haben. Beschütze ihn auch, Allgütiger, auf seinem
Lebenswege, behüte ihn vor Versuchung und Sünde,
laß' ihn mit Ehren einen Platz finden unter den
Menschen, auf dem er im Stande sei, Dir wohlge=
fällig, den Nebenmenschen nützlich, und zu seiner
eigenen Zufriedenheit zu leben. Gieb seinem Geiste
Einsicht, seinem Herzen Muth zu allen guten Hand=
lungen, die er auszurichten vermöge, und begnadige ihn
mit Leben und Gesundheit und jeglichem Segen, der
hervorgeht aus der Fülle Deiner Vaterliebe. Amen!

Gebet einer Mutter am Verlobungstage ihrer Tochter.

Du Gnadenreicher! aus dessen Hand alles Gute
kömmt, das wir genießen, aus dessen Huld jede Freude
entspringt, die wir empfinden, aus der Fülle meines
Herzens bete ich heut zu Dir, um Dank und Bitte

vor Dir zu offenbaren. Mit dem Gefühle, mit dem
ein Wanderer das Ziel einer langen mühevollen
Wanderung an seinem Gesichtskreis auftauchen sieht,
mit demselben Gefühle sehe ich heut den Abschluß einer
langen, mühevollen Arbeit von Ferne, und wie der
Wanderer bittet: „O Herr! laß' keinen Unfall nahe am
Ziele die Vollendung stören", so bitte ich: o Herr! laß'
keinen Unfall nahe am Ziele die Vollendung meiner
Arbeit unterbrechen. Ich habe mein liebes Kind mit
Mühe und Sorgfalt erzogen, ich war bestrebt, sie heranzubilden, daß sie fähig werde, als wackere Hausfrau
ihre Pflichten auf Erden Dir und den Menschen wohlgefällig zu verrichten. Nun hast Du in Deiner Gnade
das Werk meiner Fürsorge gesegnet und uns den Mann
zugeführt, für den ich meine (wir unsere) Tochter
erzogen habe (haben). Dank sei Dir für Deine Hilfe
mit der Du mir (uns) beigestanden hast bis hierher!
Guter Gott! gieb, daß unsere Einsicht uns nicht irre geführt habe, laß' meine (unsere) Tochter durch diese Wahl
glücklich werden, und den Erwählten glücklich machen.
Tausend Gedanken beschäftigen mich, tausend ver-
schiedene Wünsche möchte ich heut vor Dir aussprechen,
doch Du schaust ja in mein Herz und verstehst ganz,
was ich denke, wenn ich auch mangelhaft nur spreche;
darum gütiger Gott: sei mit uns allen, wie Du bisher mit uns gewesen und führe Alles zum Guten.
In Deine Hand befehlen wir unser Schicksal. Nichts
ohne Dich, und Alles mit Dir! denn alles Gute
kommt von Dir! Amen!

Gebet einer Mutter am Hochzeilstage der Tochter.

Allgütiger! Deine Vaterliebe waltet über uns, und ohne Deinen Beistand ist kein Gelingen und Gedeihen unserer Bestrebungen, das müssen wir täglich empfinden, und nur ein undankbares Gemüth könnte daran nicht gemahnt werden durch die Freude am Tage der Freude. Nein, Du guter Gott, ich will nicht undankbar sein für das Glück, das Du mir heute gewährest. Heute ist der Tag, an dem ich ein Ziel erreicht, für das ich so lange, so lange schon gesorgt und gedacht, das ich ins Auge gefaßt habe bei so vielen meiner Entschlüsse und Handlungen, das der Ausgangspunkt sein sollte mütterlicher Fürsorge und mütterlicher Sehnsucht. Heute führe ich mein liebes Kind dem Manne zu, dem ich mein erstes Anrecht auf seine Liebe übertrage, dem Manne, dem meine Tochter Gattin und Hausfrau sein soll, und zu meinem Kinde spreche ich: gehe hin mit meinem Segen, heiligere Pflichten warten dein, als die, die bisher deine heiligsten waren, als die Zärtlichkeit und der Gehorsam gegen deine Eltern. Und alles das thue ich mit freudigem Herzen, mit den Gedanken der frohesten Hoffnung. Darum sei Dir, gütiger Gott, Dank und Preis dargebracht, denn Du hast diesen Tag mir geschenkt, daß ich sein mich freue und fröhlich sei.

Aber auch für das Wort der Bitte darf meine Lippe nicht geschlossen bleiben, denn die Gedanken der Menschen sind zwar mannigfach, aber nur der Rathschluß Gottes erfüllet sich, und wenn meine Pläne das Glück in ihrem Schooße bergen sollen, so kann es nur wahr werden durch Deinen Willen.

Und so flehe ich Dich denn in Demuth an: o, gütiger Gott, halte Deine schützende Hand ferner über dem Haupte meines lieben Kindes. Laß' die Stunde ihres Eintritts in das Leben einer Ehefrau eine Stunde sein, die meine Tochter fröhlichen Herzens noch in späten Tagen ihres Lebens als den Anbeginn ihres reinsten Glückes segnet. Halte fern von ihr und dem Hause, dem sie angehören wird, die trüben Erfahrungen des Ungemachs, mache die Prüfungen, die in keines Menschen Leben ganz ausbleiben, ihr nicht so schwer, daß sie die Heiterkeit ihres Herzens vernichten. Laß' auch das Band der Liebe nicht locker werden, das uns, die Ihrigen, bisher mit ihr verknüpfte, und laß' sie in dem neuen Bande der Verwandtschaft und der Liebe, das sie umschlingen soll, immer eine anmuthige Fessel finden, der sie nie sich zu entziehen strebe.

Mein Gott, ich hoffe auf Dich, ich vertraue Dir, und unter Deinen Schutz stelle ich mich mit allen Wünschen meines Herzens. Amen!

Gebet einer Mutter am Hochzeitstage ihres Sohnes.

Gelobt seist Du, mein Gott, daß Du den heu=
tigen Tag mich schauen ließest. Heut erfüllt sich mir
sichtbar Deine Gnade, die ich erstrebt in der Erfüllung
der Pflichten mütterlicher Liebe und Zärtlichkeit.
Was kann ich mehr wollen für alles, was ich an
meinem Sohne gethan habe, als daß ich ihn, den meine
Seele zärtlich liebt, und dessen Liebe und innige Treue
mich jederzeit beglückte und entzückte, als daß ich ihn
nunmehr erblicke an der Schwelle des Hauses, das
er sich gegründet hat, an der Seite der Liebe und Lieb=
lichen, die ich mit Freude als Tochter umarme, die
er in herzlicher Zuneigung sich erwählt hat zur Gefährtin
seines Lebens. Ach, mein Gott! die Freudenthräne
in meinem Auge kündet Dir meinen Dank besser, als
mein dürftiges Wort. Aber auch im Gefühl des
Glückes will ich das Bewußtsein in meiner Seele wach=
rufen, daß wir alle Deines Schutzes und deines Bei=
standes bedürfen, wenn unser Werk sich krönen, unser
Hoffen sich bestätigen soll.

Darum, mein Gott! erhöre in Gnaden mein
Gebet! Laß' das neubegründete Haus meines lieben
Sohnes sein eine Stätte des Friedens und der Zu=
friedenheit, laß' es fest stehen, trotzend den Stürmen
der Ereignisse. Befiehl dem Segen, daß er einkehre
in dasselbe, auf daß seine Bewohner sich erfreuen des

Lebens auf Erden. Laß' auch die Liebe und die Treue,
wie sie heut mit einziehen, darin weilen, in unwandel=
barer Ausdauer. Laß' es sein einen Sammelplatz
edlen Verlangens und edler Genüsse, und laß' nimmer
d'raus schwinden die Gottesfurcht und die Frömmigkeit
und die Liebe zu Dir.

O, mein Gott! ich empfinde es, daß mit dem
heutigen Tage mein Herz sich verjüngt, daß ich meine
eigene Vergangenheit wiederfinden will in der Zukunft
meiner lieben Kinder. So Du es nun in dem Rath=
schlusse Deiner Gnade über mich beschlossen hättest,
daß ich lebe und anschaue die Entwickelung ihres häus=
lichen Lebens, o, so gieb, daß ich allezeit mit gleicher
Freudigkeit, wie heut ob dieses Ehebundes Dein Walten
preisen, Deine Liebe segnen kann.

(Es theilt mein Gatte heut die Freude, die mein
Inneres erfüllt, auch er hat in Mühe und Fleiß die
Sorgen auf sich genommen, den Sohn heranzubilden
zu Deinem Wohlgefallen und zum Wohlgefallen der
Menschen, o, laß' uns auch vereint die Wonne genießen,
die Früchte seiner unermüdeten Thätigkeit zu betrachten
und ihre Lieblichkeit zu empfinden in dem Glücke unseres
Sohnes. Halte Deine schützende Hand ferner über
uns, und wie Du bisher uns geholfen, so hilf uns
weiter, Du allein bist unser Helfer, Du bist der Gott
der Liebe und der Barmherzigkeit) Amen!

Gebet einer Wittwe

Allgerechter! Du hast in Deiner Weisheit es beschlossen, daß ich nicht bis an das Ende meiner Tage das Glück genießen soll, an der Hand meines treuen Gatten durch's Leben zu gehen. Du hast ihn von meiner Seite gerufen, und ich muß ohne seine Stütze, ohne seinen Beistand, ohne seinen Rath und ohne seine liebevolle Fürsorge meine Tage verleben.

Allgemach erblassen die grellen Farben, in denen das Bild meines Unglücks vor mein Auge trat, als es in den ersten bitteren Thränen schwamm, die ich ob des herben Verlustes vergoß, aber nimmer werden diese Farben ganz verbleichen: langsam geht der Schmerz in stille Wehmuth über, aber nie wird seine Spur verschwinden, weil ich es nie vergessen kann, wie der treue Gefährte meiner schönsten Tage in Liebe und Zärtlichkeit nur für mich gedacht und gesorgt hat.

Wenn ich daher nun, gerührt von seinem Andenken, zu Dir bete, mein Gott, so flehe ich Dich in Demuth an, daß Du ihm die Freuden der ewigen Seligkeit in vollem Maße gewähren mögest.

Mir aber, mein Gott, wollest Du auch gnädig sein, daß es mir nie an der Kraft gebreche, nun ohne seinen Rath und seinen Beistand für das Wohl meiner Kinder und für das Bestehen meiner Häuslichkeit zu sorgen. Wo ich des Schutzes bedarf, da gewähre Du ihn mir, wo ich des Rathes bedarf, da erleuchte Du mich mit Einsicht. Du bist ein Helfer den Wittwen, ein Vater den Waisen, Du verlässest nicht, die unter das schützende Obdach Deiner Hut sich begeben, darum will ich mich allezeit an Dich wenden in der Gewißheit Deiner Gnade, mein Helfer, mein Beschützer! Amen!

Gebet einer Wittwe

(die in dürftigen Verhältnissen lebt.)

Allgerechter! Du hast in Deiner Weisheit es so gewollt, daß ein schweres Loos mein Antheil sei auf Erden, und so oft ich mein Herz im Gebete zu Dir erhebe, ist es überwiegend das Wort der Bitte, das ich an Dich richte, weil das Drückende meiner Lage mir stets gegenwärtig ist, und Zagen und Bangen meinem Gemüthe zur Natur geworden sind, so daß ich mich selten in reiner, ungetrübter Fröhlichkeit auf= zurichten vermag.

Allein und fast einsam, als Wittwe, stehe ich da inmitten der rauschenden Welt, die an mir vorübereilt in ihrem Jagen nach Genuß und Vortheil, die meinen Kummer nicht kennt, und kaum einen Blick des Mitleids auf mich wirft, weil die Augen der Glücklichen nicht gern bei der Betrübniß weilen.

Da muß ich wohl oft der Zeiten gedenken, da es noch anders war; da mein treuer Gatte noch lebte, da er mit redlichem Herzen und rüstigem Fleiße der Versorger und Ernährer meines Hauses war. Der treu mich liebte, ist von mir gegangen, meine Stütze ist gebrochen, meine Sorglosigkeit vernichtet. Statt dessen ist das Brot, das ich esse, mir karg zugemessen und oft vermag ich kaum den Mangel zu wehren, daß er meine Schwelle nicht überschreite (den Mangel, der mich doppelt drücken muß, um meiner lieben Kinder willen.)

Wenn ich aber auch dies alles bedenke, und der Betrübniß mich nicht entschlagen kann, so will ich dennoch nicht murren und nicht rechten mit Deiner Allweisheit. Denn wenn ich eines Theiles nicht weiß, ob nicht die Prüfungen, die Du mir bestimmt hast, zu meinem Heile sind, so weiß ich andern Theils gewiß, daß noch manches theure Gut mir geblieben ist, und daß es Menschen giebt, die weit tiefer hinabsteigen mußten in die Tiefe des Unglücks.

Ueber alles dies ist ja eine Freudigkeit mir geblieben als die Grundlage alles dessen, was mir noch Trost und Hoffnung giebt: es ist das Vertrauen auf Dich, die Zuversicht, daß Du mich nicht verlassen wirst, daß Du mich hörst, so oft ich Dich rufe. Darum auch will ich es nimmer unterlassen, die Bitte um Deinen Beistand vor Dir auszusprechen:

O mein Gott! sei mir gnädig und erhalte meine Gesundheit.

(Laß' meine Kinder wohlgedeihen an Leib und Seele, und gieb mir die Kraft, ihnen jederzeit beizustehen mit Rath und That.)

Wende den Mangel von meiner Thür und laß'
mich in Redlichkeit und Ehre mein Brot mir erwerben.

Laß' mich nicht der Hilfe der Menschen bedürfen,
und nie Fremden oder Angehörigen eine Last sein.

Erhalte die Zufriedenheit in meinem Herzen, daß
aus ihr wieder aufsprieße der frische Lebensbaum der
Seelenruhe und der Freudigkeit.

Du, mein Gott, bist ein Versorger der Wittwen
und Waisen, Du bist auch der meinige. Das sei Dein
Willen! Amen!

Gebet einer Stiefmutter.

Mein Gott! Wie die Liebe der Mutter zu ihren
Kindern das festeste Band auf Erden ist, das Menschen=
seelen aneinander knüpft, so ist die Mutterliebe auch
die süßeste Empfindung, die das Menschenherz beglückt.
Dieses natürliche Band kann durch kein gewähltes
ersetzt, diese Empfindung nicht willkürlich hervor=
gerufen werden. In dieser Ueberzeugung betrachte ich
die Aufgabe, die Du mir zugetheilt hast, die Stelle
der Mutter bei Kindern zu vertreten, die nicht leiblich
mir angehören, als eine sehr schwere, als eine so
schwere, daß ich meiner schwachen Einsicht nicht zu=
traue, sie zu vollbringen, wenn nicht Deine besondere
Hilfe mir beisteht. Und um diese Hilfe flehe ich,
Herr! Dich mit Inbrunst an, denn ich bin weit ent=

fernt davon, die Arbeit von mir zu weisen oder sie
als eine Last zu betrachten, ich fühle mich vielmehr
glücklich, ihr unterworfen zu sein, und mein höchster
Wunsch ist es, das Höchste und Beste in ihrer Vollziehung
zu erreichen, was einem redlichen Herzen erreichbar ist.

Darum, mein Gott, flehe ich Dich an, schenke
mir Einsicht, das Rechte jederzeit zu treffen, damit ich
bestehen kann vor Deinem Auge und vor dem Auge
der Menschen. Lass' mich nie müde werden in der
Ausübung meiner Pflichten und verscheuche jeden Gedanken aus meiner Seele, der nur dahin zielt, mir
die Rechte einer Mutter zu erkaufen, gieb mir Geduld
und Ausdauer, daß ich auch mit den Mängeln und
Schwächen meiner Kinder Nachsicht übe, wie eine
Mutter. Lass' mir immer die Vorstellung gegenwärtig
sein, daß meine Arbeit nur Stückwerk ist, und daß
ich ihnen nie in Wahrheit die Mutter zu ersetzen im
Stande bin. Lass' mich nie Mißtrauen fassen gegen
sie, als ob sie nicht bereit wären, die Mutter in mir
zu suchen und zu erkennen. Lass' die Kinder gedeihen
unter meiner Pflege, auf daß ich Freude habe an
ihrem Wohlsein und meine Aufgabe mir leicht werde.

Lass' mich in der Erziehung der Kinder auch die
Wünsche meines Gatten befriedigen, daß der Kummer,
den ihre Mutterlosigkeit ihm verursacht, gänzlich von
ihm genommen werde und sein Herz immer mehr und
mehr Zutrauen zu mir fasse.

Um alles dies flehe ich Dich, Allgütiger, in
Demuth an, zu all' dem bedarf ich Deiner besonderen
Hilfe. Du wirst sie mir nicht versagen, so ich mit

14

Redlichkeit strebe, eine gute Muttter zu sein den Unschuldigen, die ihre leibliche Mutter verloren haben.
Auf Dich will ich vertrauen. Amen!

Gebet eines vaterlosen Mädchens.

Vater aller Menschen! In dieser Anrede allein
schon liegt der Trost, den ich im Gebete suche, diese
Anrede allein erfüllt mich mit Muth, und so oft mein
Mund sie ausspricht, ist es, als spräche auch noch eine
andere Stimme freundlich zu mir: „Sei nicht betrübt,
sei nicht traurig, du bist nicht vaterlos, wenngleich
dein irdischer Versorger und Ernährer, der dich zärtlich
liebte, von Dir geschieden ist und frühzeitig eingegangen
ist in seine Ruhestätte im Reiche der Seligen". Ja,
ich bin nicht vaterlos, denn die Fürsorge des guten
Vaters, der mich verlassen hat, war in der Zeit darauf
bedacht, mich einen ewigen Vater finden zu lassen, der
so lange nicht von mir weicht, so lange ich treu und
fest an ihn glaube, auf ihn vertraue und ihm gehorsam
bin. Ja, Du, himmlischer Wohlthäter und Versorger!
Du bleibst auch der Meinige.

Du hast Geduld und Nachsicht mit mir und liebst
es, daß ich vor Dir mich ausspreche über alle Regungen
meiner Wünsche, über alle Gedanken meines Herzens.

O, so neige Dich auch jetzt freundlich zu meiner
Bitte.

Ich bitte Dich, gütiger Vater, zuerst um das, was meinem Herzen das theuerste ist: ich bitte Dich um das Wohlsein meiner geliebten Mutter. Sie trauert als Wittwe um den Verlust ihres Gatten, als schwaches Weib um den Verlust dessen, der ihr Stab und Stütze, Helfer und Berather war, sie trauert als Mutter über das Leid ihrer Kinder, die des väterlichen Beistandes entbehren.

O, sei Du immerdar ihr Schutz und Schirm. Erhalte ihre Gesundheit und laß' es ihr nicht an den Gaben Deines Segens fehlen, auf daß zum Schmerze sich nie der Mangel und die Entbehrung gesellen. Gieb ihr Freude an allen ihren Kindern, daß keines ihr trübe Tage bereite.

Ich bitte Dich, gütiger Vater, auch für mich; halte mein Herz rein von Leichtsinn und Uebermuth, daß ich immer geneigt sei, alle Pflichten zu erfüllen, die Du mir zugewiesen hast. Laß' mich einsichtsvoll und verständig werden, daß ich stets im Stande sei, meiner guten Mutter eine treue Rathgeberin zu sein. Laß' mich nie abweichen von den Lehren meines bei Dir weilenden Vaters, so daß ich seinem Andenken, das aus meinem Herzen nicht schwinden wird, auch durch meine Thaten Ehre bereite.

Viel, sehr viel sind der Dinge, um die ich Dich bitten muß, ich kann ihre Zahl nicht überschauen, aber es bedarf ja auch dessen nicht; Du siehst mein Herz und weißt auch, was mir Noth thut. Sei Du in meiner Hilfe, und mir wird nichts fehlen. Amen!

Gebet eines mutterlosen Mädchens.

Oefter wohl als vielen Andern meines Alters und meines Standes muß es mir, der mutterlosen, ein Bedürfniß sein, ein stilles Stündchen zu suchen, um im andächtigen Gebete mein oft so betrübtes Herz zu erleichtern.

Immer und immer lastet der Gedanke schwer auf mir, daß ich so einsam, so verlassen bin, wenn ich des mütterlichen Rathes bedarf. Immer erfüllt Trauer meine Seele, wenn die liebliche Erscheinung meiner nun im Reiche der seligen Geister weilenden Mutter vor mein geistiges Auge tritt, und ich kann mich von der Vorstellung nicht entfernen, wie schön es wäre, wenn sie noch leiblich in unserer Mitte weilte. Und der Schmerz erfüllt mich, wenn ich meinen guten Vater betrachte, wie auch er verlassen ist von der treuesten Gefährtin seines Lebens.

Sollten alle diese Empfindungen sündhaft sein? Sollten sie der Pflicht widerstreben, mit Ergebung sich in Deinen Willen zu fügen? Ach nein! Du findest kein Unrecht an ihnen. Hast Du doch die Liebe zu meinen Eltern in mein Herz gepflanzt, und die ernste Betrachtung meiner Lage ist ja nur ein Ausfluß dieser Liebe.

Ach nein! diese Empfindungen sind kein Unrecht. Ich fühle es, daß auch sie zum Heile an mir werden können, weil ernste Entschlüsse, gute Vorsätze aus ihnen hervorgehen.

Ich will das Andenken an meine Mutter ehren, ihr Beispiel der Gottesfurcht und Tugend stets vor Augen haben und an dem Gedanken mich aufrichten, daß ihr Geist über mir wacht, damit ich jederzeit auch bereit sein kann, Rechenschaft vor demselben abzulegen über meinen Wandel.

Ich will hoffen und vertrauen, daß auch Du mich nicht verlassen wirst, und daß Deine Liebe mir immer Menschenherzen zuführen wird, die mir mit Zuneigung und Aufrichtigkeit begegnen.

Ich will meinem lieben Vater kindliche Treue und innige Hingebung bewahren, auf daß mein Umgang im Stande sei, ihm einen Theil seines Verlustes zu ersetzen.

Zu all' dem versage Du, Allgütiger! mir Deinen Beistand nicht, dann wird auch die Fröhlichkeit des Herzens mir wieder ein bleibendes Eigenthum werden, und wie ich in Betrübniß zu Dir bete, so werde ich in Freudigkeit Dir danken können. Amen!

Gebet eines Verwaisten.

Einsam und verlassen, himmlischer Vater, stehe ich da in der weiten, weiten Welt! Was ist die Güte befreundeter Menschen, was ist die Freundlichkeit der Anverwandten! Ach, sie gleichen einem blassen Scheine, verglichen mit dem strahlenden Lichte elterlicher Liebe.

Den lieblichen Schimmer dieses Lichtes muß ich ent=
behren und bin noch so jung, so unerfahren, den
rechten Weg allein zu finden. Ich muß im Finstern
wandeln. Doch „wall' ich auch im Thal der
düstern Schatten, so wall' ich ohne Furcht,
denn Du begleitest mich, Dein Stab und Deine
Stütze sind immerdar mein Trost!"

Vater und Mutter ruhen aus von den Beschwerden
des Erdenlebens nun schon im Grabe, nur ihr Geist
ist es, der mir nahe geblieben ist, ihr Andenken allein
begleitet mich, ihre Liebe ist nicht geschwunden und
hält mich wunderbar zurück, wenn die Verlockung des
Unrechtes mich reizen will, den Weg der Tugend zu
verlassen.

Darin aber, himmlischer Vater, erkenne ich dankbar
Deine Liebe, daran merke ich es, daß, „wenn auch
Vater und Mutter mich verlassen haben, so
hast Du mich aufgenommen".

O, gieb, daß es immer also sei! Laß' das
Andenken an meine, im Reiche der Seligkeit weilenden
Eltern nimmer aus meinem Herzen schwinden. Es
tröste mich, wenn ich verzagen will, und rufe mir
zu: Fürchte nicht! wir wachen über Dich. Es strafe
mich mit den Vorwürfen des Gewissens, wenn ich die
weisen Lehren verlassen will, die meine guten Eltern
mir eingeprägt, es erinnere mich an ihr würdiges
Beispiel, wenn ich die Schönheit verkennen sollte, die
ein edles Leben schmückt, es rüste mich allezeit mit
Geduld und Stärke, auch die Mißhelligkeiten des
Lebens zu ertragen.

O, lass' auf diesem Wege mich die Einsicht ge=
winnen, deren ich so sehr bedarf, um die Bahn meines
Wandels mir zu ebnen. Groß und mannigfach sind
die Hindernisse, die sich mir entgegenstellen, und groß
muß meine Kraft sein, sie zu beseitigen. Bald wird
die Versuchung mich locken, weil sie glaubt, daß die
leitende Hand mir fehle, bald wird falsche Theilnahme
mich bethören, weil das Herz einer Verwaisten jeder
Theilnahme begierig vertraut, bald wird ungerechtes
Mißtrauen gegen wahrhaft gute Menschen mich er=
füllen, weil der Schwache überhaupt mißtrauisch wird,
und es könnte auch, — o, laß' es nicht zu, mein Gott!
der Sinne Lust mich bethören und auf den trügerischen
Pfad des Wohllebens mich führen, weil kein Mensch
ein Recht zu haben vermeint, mich mit Strenge, gegen
meinen Willen auf gutem Gleise zu erhalten.

All' diese Gefahren haben jugendliche Seelen nicht
zu fürchten, die überwacht sind von den Augen liebender
Eltern.

Bei alledem will ich jedoch kein Bangen und Zagen
fühlen. Weiß ich doch ein Mittel, das auch mir
Schutz gewährt. Es ist das inbrünstige Gebet. Das
bringt mich nahe zu Dir, meinem Beschützer, der Du
ein Vater der Verwaisten bist.

Du, der Du in Deiner heiligen Lehre den Menschen
das Gebot gegeben hast: „Ihr sollt die Wittwen
und Waisen, nicht bedrücken, denn wenn sie
zu mir rufen werden, so werde ich ihre Stimme
hören,“ Du wirst auch meine Stimme hören und
mein Gebet wohlgefällig aufnehmen. Amen!

Gebet einer Dienenden.

Gütiger Gott! Dank und Bitte will ich ver=
einigen mit Lob und Preis, wenn ich im Gebet in
stiller Stunde mein Herz zu Dir erhebe. Ja, ich danke
Dir aus dem Grunde meines Herzens für die Gaben
Deiner Liebe, mit welchen Du mich gesegnet hast, für
die Freuden, die den Reichen und Begüterten unbekannt
bleiben müssen, weil sie die Empfindungen der Armen
nicht kennen, weil sie tausend Dinge als gewöhnlich
und kaum bemerkenswerth hinnehmen, die besser geeignet
sind, das Herz mit Zufriedenheit zu erfüllen, als alles
Wohlleben und aller Genuß zeitlicher Güter des Glückes.
Dank Dir, mein Gott! daß Du meinem Geiste redlichen
Willen und meinen Armen rüstige Kraft gegeben hast,
in unermüdeter Arbeit mein tägliches Brot mir zu
erwerben. Dank Dir, mein Gott! für die Süßigkeit,
die jede Stunde der Erholung mir bringt. Und wenn
ich hinschaue auf viele Andere, denen gleich mir die
Güter der Erde in reicherer Fülle versagt sind, wenn
ich so viele unter ihnen bemerke, die nicht die Kraft besitzen
der Versuchung zu widerstehen, und die der Sünde und
Niedrigkeit anheimfallen, und die, welche nur deshalb
darben müssen, weil schlechte Erziehung oder körperliche
Fehler sie unangenehm machen in den Augen der
Menschen, auch die, welche, gefangen von den Banden
körperlicher Gebrechen, vom Mitleid der Menschen leben
müssen und nicht von dem Lohne für ihre Leistung, ach,
dann ist zwar mein Herz betrübt, wenn ich auf sie

blicke, aber es jubelt im Danke vor Dir auf, wenn ich mich selbst betrachte. Und wenn mein Tagewerk mir gelingt, wenn ich denen, so ich diene, das Geständniß der Zufriedenheit abnöthige, ach, dann fehlt meiner Eitelkeit auch nicht der Schmuck des Stolzes, und Du, o Herr, vergiebst und vergönnst mir ihn, weil er mich nicht zum Bösen führt.

Aber, lieber, gütiger Gott! auch bittend muß ich an Dich mich wenden, und der Gegenstand meiner Bitte ist vor allen Dingen die Erhaltung alles dessen, wofür mein Herz Dir eben dankte. O, laß' mich nicht krank und hilflos werden, daß ich nicht leben muß von den Gaben der Menschengüte, sondern mich immer erhalten kann von den Gaben Deiner Gnade, die ich durch meinen Fleiß mir erwerbe. Bewahre mich aber auch immerdar vor der giftigen Schlange der Versuchung. Sie umschleicht den Armen von allen Seiten, und nur ein standhaftes Gemüth vermag ihr zu widerstehen.

Wie ist es oft so verführerisch, die Hand auszu= strecken nach ungerechtem Gute um nur ein Weniges, ein Unmerkliches zu genießen von dem Ueberfluß An= derer! Wie oft empört der Undank für redliche Mühe mein Herz und die Stimme der Versuchung flüstert mir zu, daß ich künftig in meiner Arbeit nur dem Scheine genügen soll! Wie oft behandelt der Hochmuth mich verächtlich, und ein böser Geist in mir will mich die Glücklichen hassen lehren! Wie oft muß ich unschul= dige Wünsche meines Herzens unterdrücken, weil mir die Mittel fehlen, sie zu befriedigen, und das Laster winkt mir heuchlerisch und verspricht mir reichen Lohn, wenn

ich ihm diene.　Ach! das alles macht das Leben einer
Dienenden schwer und gefahrvoll, und nur des Herzens
Frömmigkeit und die unerschütterliche Liebe zu Gott zeigt
ihr den rechten Weg. Laß', gütiger Gott! mich immer
ihn finden. Vor Dir sind ja alle Menschen gleich. Du
beachtest nicht den Grad des Standes und der Erdengüter.

Und wie ich Dir danke und wie ich zu Dir bete,
so will auch ich Dich preisen. Du, gütiger Vater,
warst es, der das Auge der Menschen geöffnet hat,
daß sie in ihren Nebenmenschen den Menschen achten.
Wie schrecklich muß die Zeit gewesen sein, da auch bei
den gebildeten Völkern der Sklave nicht abhing von
weisen Gesetzen des Staates, sondern von der Willkür
seines Herrn. Ich diene, weil ich dienen will, und
weil ich es für nöthig halte, und bin frei, sobald ich
die Nothwendigkeit nicht mehr anerkenne. Ich bin nicht
der Willkür dessen preisgegeben, der mich bedrücken
kann, ich habe mich der Arbeit unterworfen, aber kann
den Herrn mir wählen. Solche Zustände hast Du
geschaffen. Du bist ein Vater aller Menschen, auch
mein Vater, den ich liebe, auf den ich vertraue, und
den ich preisen will in allen Tagen meines Lebens. Amen!

Gebet für die Eltern in der Ferne.

Lieber Gott! Es ist Dein Willen, daß ich fern
von meinen lieben Eltern leben muß, und nicht,
wie es mein Herz so sehr ersehnt, im Stande bin, ihnen

täglich und stündlich meine Liebe und Zärtlichkeit zu
beweisen. Auch muß ich selbst die Lieblichkeit ihrer
Nähe entbehren, kann nicht theilnehmen an allem, was
sie erfreut, kann ihnen nicht dienen in kindlichem Ge=
horsam, um zu ihrer Fröhlichkeit und Behaglichkeit des
Lebens durch meine Thätigkeit beizusteuern.

Wenn ich aber auch sie nicht leiblich vor mir
sehe, so sind sie doch in jeder Stunde meinem Geiste
und meinem Herzen nahe. Meinem Geiste, weil ihr
Wort und ihre Lehre in meinen Gedanken lebendig
sind, und meinem Herzen, weil ich an sie denke in
Liebe und Treue.

Und wenn es mir auch versagt ist, für sie wirksam
zu sein mit der thatsächlichen Aeußerung meiner Liebe,
so ist es mir doch vergönnt, für sie zu Dir zu beten,
mein Gott!

Du, Allgütiger, o, erhalte sie in Deinem Schutze,
bewahre sie vor Unglück und Gefahren, gieb, daß die
Sorge für das Leben (für das Wohl aller Ihrigen)
ihnen leicht werde. Verleihe ihnen eine kräftige Gesund=
heit und ein fröhliches Herz, gieb ihnen Freude an mir
(und meinen Geschwistern) und vereinige mich wieder
mit ihnen in Glück und Wohlsein. Amen!

Gebet um Hilfe aus der Noth.

Allgütiger Vater! Du bist allwissend und kennst das
Leid, das meinen Geist beschwert, vor Dir ist Nichts

verborgen, somit auch nicht die geheimsten Gedanken
meines Herzens. Vor Dir gilt kein Schein, vor Dir
gilt nur die Wahrheit. Was kann es mir frommen,
wenn ich auch vor Dir, gleich wie vor den Menschen,
das Leid verbergen will, das mein Herz bedrückt! Aber
zum Heile wird es mir, wenn ich vor Dir meinen
Kummer im Gebete offenbare, weil ich nicht vergebens
Trost und Hilfe bei Dir suchen werde. O, mein Gott!
Ein Gedanke ist es, der mein ganzes Wesen erfüllt,
der mich begleitet auf allen meinen Schritten, der jede
wahre Fröhlichkeit in mir unterdrückt, der, ach,
auch den Schlaf verscheucht von meiner Lagerstätte.
O, mein Gott! Es bedrückt mich schwer, daß (hier
ist das wörtliche Bekenntniß der betrübenden Thatsache ein-
zuschalten). Laß durch dieses Bekenntniß mein Herz
erleichtert, meine Seele mit Hoffnung erfüllt sein. Ich
will das Vertrauen in mir beleben, daß Du eine Hilfe
bist allen denen, die auf Dich hoffen. So ich aber
selber dazu beitragen kann, daß mein Leid von mir
gehe, so erleuchte mein Auge, daß den rechten Weg
ich finde, stärke die Kraft meines Willens, daß auf
dem rechten Wege ich ausharre. Wohl weiß ich es,
daß Du auch Prüfungen den Menschen zu ihrem Heile
sendest, und daß auch ich weiser und besser aus ihnen
hervorgehen kann, so ich mich selbst prüfe und meine
eigenen Fehler und meine falsche Auffassung der Dinge
erkennen lerne. Aber das menschliche Herz ist schwach,
und der Gedanke an Hilfe ist im Leide ihm der
nächste. Nicht um meines Verdienstes willen flehe ich
zu Dir, aber um Deiner unendlichen Liebe willen hilf

mir, mein Gott! Nimm Dich meiner an, wie der Vater sich annimmt seines Kindes. Verschließe Dein Auge meiner Unwürdigkeit, denn ich bitte nicht um Deine Gerechtigkeit, ich bitte um Deine Gnade, und bei Dir ist Gnade und Erbarmen. Amen!

Dankgebet für Hilfe aus der Noth.

Mein Gemüth ist heiter, mein Herz ist leicht! Die Noth und die Betrübniß sind gewichen, und mit Freudigkeit schaue ich wieder in die Zukunft! Das war Dein Werk, mein Gott, mein gütiger Erlöser! Danken will ich Dir im Staube, Du hast mir wohlgethan, Du hast meine Gebete erhört, und ich bin nicht leer zurückgekehrt von meiner Annäherung zu Dir.

„Heil denen, die auf Dich vertrauen." „Nahe ist Gott allen, die ihn rufen, die zu ihm flehen in Wahrheit."

„Ist Gott mein Hirt, so wird der Schutz mir nimmer fehlen. Er lagert mich auf grüner Weide, er leitet mich an stillen Bächen, er labt mein schmachtendes Gemüth und führt mich auf gerechtem Steige zu seines Namens Ruhm. Und wall' ich auch dahin im düstern Thal der Schatten, so wall' ich ohne Furcht, denn Du begleitest mich, Dein Stab und Deine Stütze sind immerdar mein Trost."

Nimm hin, mein Gott, den Preis für Deine Liebe in den Worten des erhabenen Sängers. Du bist mein Fels und meine Zuversicht jetzt und alle Zeit. Amen!

Gebet bei einem freudigen Ereigniss.

Allgütiger Lenker der Schicksale! Wenn Sorge und Kummer mein Herz beschwerte, da fand ich den Weg zu Dir, da flehte ich um Deine Hülfe; wenn zaghaft ich bangte vor der Zukunft, da suchte ich demuthsvoll Deinen Beistand! Wie wäre es sündhaft, wenn ich nun, da meine Seele voll ist der freudigen Erregung, nicht auch mich in Demuth Dir nahen wollte, um meinen Dank vor Dir zu bekunden! Ja ich weiß es, alles Gute kommt von Dir, und so Du es nicht gewollt hättest, so hätten alle Mächte der Erde mir mein Glück nicht bereiten können. Aber auch zum Genusse desselben bedarf ich Deiner Gnade, darum will ich mit meinem Danke auch meine Bitte vereinigen. O Herr! gieb mir Weisheit, das Geschenk Deiner Güte würdig anzuwenden, laß mich nicht übermüthig sein und Dein vergessen, laß mich im Gefühle des Glückes nicht das Leid meines Nebenmenschen aus dem Auge verlieren. O Herr! mein Gott, bestätige auch Du die Freudigkeit, der ich so gern mich hingebe, damit ich nicht für Glück annehme, was nur Versuchung ist, damit es nicht ein trügerischer Schein sei, den ich für Wahrheit halte. Nicht vor Menschenaugen,

sondern nur vor Deiner Allwissenheit ist das Ziel
der Dinge offenbar, o, segne mich mit Deiner Huld,
daß das Gute mich auch zum Guten führe. Weiß
ich es doch, daß immer und immer das Beste von
allem Gutem ist, Dich zu lieben, Dir zu vertrauen und in
Deinen Wegen zu wandeln. Dazu gieb mir Kraft und
Willen heut und alle Tage meines Lebens! Amen.

Gebet um Nahrung.

Gütiger Vater im Himmel und auf Erden, der
Du liebend sorgest für alle Deine Geschöpfe, daß sie
nicht Mangel leiden an dem, was sie zu ihres Lebens
Unterhalt bedürfen, o erhöre mein Gebet, das auch
ich um meines Leibes und Lebens Wohlfahrt an Dich
richte. Nicht Reichthum und Ueberfluß sind es, die
des Menschen Glück und Tugend erhöhen oder be-
fördern, und um diese Gaben flehe ich auch nimmer
zu Dir. Weiß ich doch nicht, ob sie der Fröhlichkeit
meines Herzens zuträglich, dem Heile meiner Seele
nützlich sein würden. Aber Mangel und Entbehrung
andrerseits sind der Fröhlichkeit des Herzens, des
Heiles der Seele gefährliche Feinde. In ihrem Gefolge sind Unmuth und Unzufriedenheit, Selbstsucht
und Neid. Der höchste Sieg der Tugend ist es
freilich eben, auch in der Versuchung zu bestehen und
den rechten Weg zu gehen, trotz aller Hindernisse.

Wer aber soll die Gefahr lieben, nach der Prüfung
sich sehnen? Darum gütiger Gott und Vater! neige
Dein Ohr der Bitte meines Mundes: halte fern von
mir und den Meinigen Noth und Entbehrung, (daß
nicht die schwere Sorge um das tägliche Brot meinen
Muth niederbeuge), (daß auch meine Erhaltung nicht
eine Last sei denen, die sie als Pflicht auf sich ge=
nommen haben), (daß nicht die harte Arbeit mich
niederdrücke und jede fröhliche, freie und edle Regung
des Herzens und der Seele unter ihrem Drucke ver=
kümmere). Segne die Arbeit (meiner) unserer Hände,
daß wir in Redlichkeit und Ehre die Früchte des
Fleißes genießen und Dir mit zufriedenem Herzen
danken. Amen!

Dankgebet für die Nahrung.

Mein Gott! mein Vater! Schwer und bitter ist
das Loos des Armen. Die Sorge um die Bedürfnisse
des Lebens beugt sein Gemüth in Traurigkeit nieder.
Hart ist seine Arbeit und gering der Lohn. All' seine
Zeit muß er hingeben im Dienste um das Brot. Mühe
und Drangsal reiben seine Kräfte auf, und doch vermag
er nicht, die Mittel zu erwerben, sich wiederum durch
Pflege und Ruhe aufzurichten: die er liebt, muß er
darben sehen, ohne ihnen hilfreich seine Hand bieten,
ohne ihren Kummer lindern zu können. Ach, Herr,

mein Gott! das ist böse und mitleidswerth! Wenn ich aber solches Leid betrachte und überlege, dann, gütiger Vater, erhebt sich mein Herz in frohem Danke zu Dir, daß Du ein anderes, ein besseres Loos mir beschieden hast. Und ob auch Andere mit den Gütern der Erde in reicherer Fülle begabt sind, so blickt mein Auge nicht mit Neid auf sie, denn auch mir hast Du so viel beschieden, daß ich nicht bange fragen muß: Was werde ich morgen essen? Wo werde ich mein Haupt zur Ruhe niederlegen? Wo soll ich Kleidung hernehmen, um nicht die Dürftigkeit zur Schau zu tragen?

Bis heutigen Tages hast Du mit Deiner Gnade mir beigestanden, Du wirst auch fernerhin mich nicht verlassen. Frei von den Sorgen um des Leibes Nahrung, kann ich mich aufrichten und erheben an allem Edlen und Schönen, kann Theil nehmen an allen Dingen, die die Gesammtheit der Menschen betreffen, habe nicht nöthig in Habgier und Selbstsucht zu versinken. Dank und Preis sei Dir dafür aus der Fülle meines Herzens, Du gütiger Gott, mein Vater. Amen!

Gebet um Erhaltung der Gesundheit.

Herr und Vater! Alles Gute kommt von Dir, jedes Glück ist ein Geschenk Deiner Gnade. Soll dieser feste Glauben nur dann lebendig und wach in

mir werden, wenn ein unerwartetes, fröhliches Ereigniß
mich an Deine Güte erinnert, oder soll diese Er=
kenntniß nur dann aus meinem Munde laut werden,
wenn ich in der Angst des Herzens zu Dir um Rettung
flehe? Nein, zu jeder Zeit und in allen Lagen des
Lebens will ich dessen eingedenk sein, auf daß ich
Dich auch voll Demuth um solche Gaben bitte, die ich
nicht eben entbehre, denn auch auf das, was ich
genieße, habe ich keinen Anspruch. Darum bitte ich
Dich, mein Gott und Vater, daß Du fernerhin die
Huld mir bewahren mögest, mit der Du Gesundheit
und Lebensfrische mir geschenkt hast. Gieb mir immer
auch einen einsichtsvollen Geist, daß ich durch weise
Mäßigkeit alles das vermeide, was meiner Gesundheit
gefährlich ist, und, wo die Vorsicht nicht ausreicht, da
reicht Dein Schutz aus. Aber nicht nur für mich bitte ich.
Erhalte auch die lieben Meinigen alle gesund, denn
auch die Krankheit lieber Angehörigen ist ein bitteres
Wehe. Ich will zu Dir hoffen und auf Dich vertrauen,
denn Du bist meine Stütze und Zuversicht, Du schaust
gnadenvoll herab auf alle, die ihre Blicke vertrauend
zu Dir erheben, Du bist der beste Hüter vor Gefahren,
der beste Helfer aller Leidenden in Ewigkeit. Amen!

Gebet um Genesung.

(Psalm 6.)

O, Herr, mein Gott, o strafe mich
In Deinem Grimme nicht!
O, sei mir gnädig, zürne nicht,
Da mir die Kraft gebricht;
Laß' Heilung, Herr, mir nahe sein,
Denn, ach! es schwindet mein Gebein!

O, meine Seele ist so matt.
Ach! Herr! wie lange noch?
Um Deiner Güte Willen nur
Errette, Herr, mich doch!
Denn in dem Grabe, o wer kann
Noch Deiner Güte danken dann!

Von Thränen bleibt mein Auge feucht
Nun jede ganze Nacht,
Die leidend ich und kummervoll
Im Seufzen hingebracht.
Es schwindet meiner Augen Licht,
Vor Gram verfällt mein Angesicht.

Nun weichet, fort, ihr Leiden, schnell,
Der Herr hat mich erhört!
Hat meiner Bitte, meinem Flehn
Sich wieder zugekehrt!

Ihr, Feinde, ja, ihr müßt zurück,
Verschwindend wie ein Augenblick.

Dankgebet nach überstandener Krankheit.

Lob, Preis und Dank sei Dir, allgnädiger Gott!
Lob, Preis und Dank dafür, daß ich wieder im Stande
bin, mein Herz zu Dir zu lenken, mit dem Worte
meines Mundes in andächtigem Gebete Dir zu nahen,
denn ach! zu lange habe ich dieser Süßigkeit entsagen
müssen, weil die Leiden des Leibes auch den Geist ge=
fesselt hielten in den Banden des Schmerzes, weil die
Mattigkeit des Körpers auch die Kraft der Seele
lähmte, sich zu Dir zu erheben. Nun Lob und Dank
Dir! die Zeit der Leiden ist vorüber! Du hast mir
beigestanden, Du hast mich gerettet, Du hast den Engel
der Erlösung ausgesandt, daß er seine Flügel ausge=
breitet hat über meine Lagerstätte. Ach, die Gesundheit
ist ein gar herrliches Gut, und immer und allezeit nur
ein Geschenk Deiner Gnade! Das, himmlischer Vater,
erkenne ich als den Segen, der aus der Prüfung mir
hervorgegangen ist, daß ich lebendiger dessen inne geworden
bin, daß auch der naturgemäße Zustand des Wohlseins
nur ein Merkmal Deiner Liebe und Güte ist, daß der
Mensch das Glück der Gesundheit seines Leibes auch
dann erkennen, auch dann dessen sich freuen und Dir
dafür danken muß, wenn er es nicht entbehrt. Darum

soll der Dank für Deine Liebe allezeit mich beseelen.
Ich habe erkannt, daß der Unterschied zwischen Reichthum und Armuth, zwischen Genuß und Entbehrung,
zwischen Befriedigung und Entsagung in tausenden von
wirklichen und vermeintlichen Bedürfnissen in Nichts
verschwindet vor dem Unterschiede zwischen Gesundheit
und Krankheit. Darum will ich mein Herz zu bewahren
suchen vor Eitelkeit, mein Streben frei zu halten suchen
von thörichten Wünschen und meinen Sinn üben in
Bescheidenheit, dessen aber eingedenk bleiben, daß wir
Menschen verloren sind, so Du Deine schützende Vaterhand von uns abziehest, und daß in Leid und Trübsal
uns geholfen ist, so Du uns gnädig bist. Du bist der
Geber alles Guten, Du bist der Helfer aller Leidenden,
Du richtest die Gebeugten auf, Du erlösest die Gefesselten, Du heilest die Kranken, Du bist der wunder-
thätige Arzt alles Fleisches! Amen!

Gebet für den erkrankten Vater.

Gott! Du erbarmungsreicher Vater! Zuflucht
suche ich bei Dir in der Angst meines Herzens. Von
bitterem Leide bin ich erfaßt, eine Schreckensgestalt
drohender Gefahr steht vor meiner Seele. O hilf mir!
hilf, mein Gott, mein Erlöser! Ach! warum rede ich
von mir! Hilf ihm, dem kranken Vater, der in Schmerz

und Kraftlosigkeit hingesunken, mit kummervollem Auge auf die Seinen blickt.

Ach, stehe ihm bei mit Deiner Hilfe, die ja wunderbar ist, sei Du sein Arzt und richte ihn auf in neuer Kraft. Verscheuche den Schmerz von seinem Lager, die trüben Gedanken aus seinem Herzen, laß' ihn auf's Neue Freude finden an seinem Tagewerke, es ist ja stets dieses Tagewerk eine Arbeit in Deinem Dienste, im Dienste der Tugend, denn sein Streben ist, in Liebe zu den Seinigen, die Erfüllung heiliger Pflichten.

O Gott! schau' auf sein redliches Herz, auf seinen frommen Sinn, auf seinen gottesfürchtigen Wandel, und übe Barmherzigkeit.

Schaue auch auf meine Thräne, auf die Thräne der Angst zitternder Kindesliebe. Verzeihe mir, mein Gott, wenn ich Böses gethan, „strafe mich nicht in Deinem Zorne, züchtige mich nicht in Deinem Grimme.“ O, ich will mein Herz prüfen, daß es geläutert hervorgehe aus der Zeit der Gefahr, auf daß all' mein Thun Dir wohlgefällig werde.

Erquicke mich wieder durch die Lehre des geliebten Mundes, der mir stets den Weg der Tugend empfohlen, der die Bahn des Rechtes, der Sitte, der Gottesfurcht mich gelehrt hat.

Ich fühle es, das Gebet erleichtert mein beschwertes Herz; ach, laß' mich nicht bloß Trost und Kraft, laß' mich auch Gnade und Hilfe finden, Du Gütiger, Allbarmherziger! Amen!

Gebet für die erkrankte Mutter.

Allgütiger! Ein Gedanke ist es, der nun schon viele Tage (lange Wochen) mein ganzes Gemüth in düstere Schatten hüllt, meinen Geist niederbeugt, mein Herz mit Angst erfüllt; meine Mutter, meine gute Mutter ist krank. Menschliche Hilfe und treue Pflege vermögen nicht ihr Heilung und Genesung zu bringen, ihrer Schmerzen sie zu entledigen, ihre Hoffnung aufzurichten und ihr Auge wieder heiter zu machen. Ihre Leiden verdoppeln sich, so oft sie auf uns, die Ihrigen, schaut, weil der Gedanke an unser Unglück, wenn sie jetzt von uns scheiden müßte, ihr trübe und schrecklich erscheint. Ach, und auch auf uns lastet der Kummer und die Gefahr so schwer! Wir müssen die geliebte Mutter leiden sehen und können ihr nicht helfen, wir nehmen wahr, wie ihre Kräfte schwinden, und die traurige Besorgniß bemächtigt sich unser, sie vielleicht verlieren zu müssen, sie, die wir so innig lieben, sie, die (gleich unserem Vater) uns das Theuerste auf Erden ist.

Was kann ich anderes thun, als meine Zuflucht zu Dir nehmen, Allgütiger, der Du in Deiner Barmherzigkeit so oft uns beigestanden hast in Noth und Trübsal. O höre mein Gebet! Wie Du so oft die Gefahr gnädig von uns abgewandt, so befiehl auch diesmal ihr, daß sie von uns weiche. Ach mein Gott, ich will nicht murren gegen Deinen Willen, ich will

nicht Zweifel setzen in Deine Allweisheit, aber das
Menschenherz, und über alles das vom Leid gequälte
Menschenherz ist schwach, und der Geängstigte legt seine
Bitte Dir dar in Demuth und Vertrauen.   Darum,
mein Gott! zürne nicht, wenn ich nicht in ruhiger Er-
gebenheit Deine Weisheit walten lasse, sondern meine
Bitte zu Dir erheben will, die nicht Deine Wege meistern,
nur Deine Gnade erflehen soll. Richte meine Mutter
wieder auf von ihrem Krankenlager, laß' sie wieder in
Fröhlichkeit an unserer Seite wandeln, laß' sie wieder
in frohem Danke ihr Herz zu Dir erheben und ob ihrer
Genesung Deine Vatergüte preisen.

    Herr, mein Gott! Du hast zwar nicht Wohlge-
gefallen an Opfern, und der Mensch kann Deine Weisheit
nicht leiten, Deine Gerechtigkeit nicht bestechen; aber Du
hast Wohlgefallen an einem reinen Herzen, darum will
ich mich prüfen und meine Fehler ausfindig machen und
meine üblen Neigungen und meine fehlerhaften Begierden
opfern, um Deiner Gnade, Deiner Liebe würdig zu sein
und täglich würdiger zu werden.

    Ich suche Trost im Gebete und finde ihn, o Herr,
laß' mich auch Hilfe und Rettung finden.   Laß' mich
nicht leer zurückkehren von Deinem Angesichte und öffne
die Pforten der Barmherzigkeit dem andächtigen Worte
meines Mundes. Amen!

Gebet der Mutter für ihr krankes Kind.

Allgütiger Gott! Mein Herz ist schwer, und traurig mein Gemüth, mein Auge blickt angstvoll auf die Ge=fahr, die als ein Schreckensbote des Unglücks herange=naht ist und die Hand ausstreckt, mein heilig bewahrtes Gut, mein liebliches Kind, den Liebling meines Herzens, mir zu rauben. Ach, vergieb, gütiger Gott, wenn ich in der Angst meiner Seele mich allzuweit entferne von der Ruhe der Frommen, deren Pflicht es ist, in Er=gebenheit alles, was sie treffen kann, Deinem Willen anheimzustellen. Du aber selbst hast das Gefühl der Mutterliebe in mein Herz gepflanzt und mit ihm die Zaghaftigkeit und auch die Verzagtheit am Krankenbette eines hart und schwer darniederliegenden Kindes. Darum, mein Gott, kann ich auch jetzt nicht dulden und schweigen, ich kann nur beten: O, sei mir gnädig, mein Gott! „Herr! Herr! strafe mich nicht in Deinem Zorne, züchtige mich nicht in Deinem Grimme." Schenke Linderung und Genesung meinem lieben Kinde, daß es wieder heiter und freundlich sein Auge auf mich richte, sein Mund mir wieder zulächle in kindlichem Vergnügen. O, laß' auch bald, bald mich inne werden des Gebetes Wunderkraft, daß das Bangen verwandelt sei in Hoffen, die Furcht in Vertrauen. Denn wahrlich, ich bedarf des Muthes und der Ruhe, um die heilige Pflicht der Pflege nicht um ein Geringes zu verabsäumen. O, Herr, Herr, gütiger Gott! Du bist ja ein wunder=barer Helfer in der Noth Du hast mir oft die Klage

in Jubelton verwandelt, hast der Trauer mich entkleidet
und mit Freude umgürtet. Ich will nicht wanken im
Glauben an Deine Hilfe, kehrt oft am Abend auch
Betrübniß ein, so wird sie bis zum Morgen
Freudenruf.

    Mein Gott! sei auch diesmal barmherzig. Amen!

Gebet für den kranken Sohn oder die Tochter.

    Barmherziger Vater! Harte Prüfung hast Du mir
auferlegt, schwere Tage der Angst und Bangigkeit sind
über mich gekommen, aber ich will nicht verzagen. Du
wirst in meiner Hilfe sein und meine Klage in Jubel,
meine Betrübniß in Freudigkeit verwandeln. Auf
hartem Schmerzenslager liegt mein guter Sohn (meine
gute Tochter.) Seine (ihre) Kraft ist gewichen, seine
(ihre) Regsamkeit geschwunden, das Leiden hat die
Stärke seines (ihres) Geistes übermannt und ihn (sie)
unfähig gemacht zu den Beweisen thätiger Liebe, womit
er (sie) das Herz der Seinigen (Ihrigen) so gern
erfreute. Ach Gott, mein Gott! laß' das bald wieder
anders werden. Segne die Sorgfalt, mit der wir ihn
(sie) pflegen, daß sie bald zu gedeihlichem, erfreulichem
Ende führe. Schenke dem (der) Kranken Linderung
und Genesung; führe zurück die Kraft und Lebensfrische
in seinen (ihren) Körper und frohe Gedanken in seinen
(ihren) Geist. Laß' ihn (sie) wieder mit Freudigkeit

und Hoffnung in die Zukunft schauen und mit Rüstig-
keit seinen (ihren) Pflichten dienen. Uns allen aber,
die wir bekümmert um ihn (sie) Deine Gnade erflehen,
uns gieb die Einsicht und die rechten Mittel, ihm (ihr)
beizustehen in seiner (ihrer) Noth. Auf Dich, mein
Gott, der Du barmherzig bist und von großer Gnade,
auf Dich will ich hoffen, auf Dich vertrauen; o, öffne
die Pforten der Gnade dem schwachen Worte meines
Mundes. Amen!

Gebet für den erkrankten Gatten.

Allbarmherziger! Mit tiefgebeugtem Gemüthe
wende ich mich in der Angst meines Herzens zu Dir.
O, wende ab den Kummer, der meine Seele niederdrückt,
verscheuche die schweren Sorgen, die auf mir lasten,
und schenke Kraft und Genesung meinem erkrankten
Gatten. Du allein bist ein Arzt, dessen Willen Heilung
giebt; trüglich ist die Kunst der Menschen, aber un-
trüglich ist Dein Beistand, wo Du Hilfe und Rettung
senden willst.

O, sieh auf meinen Kummer! Gefesselt an das
Schmerzenslager ist der Geliebte meines Herzens (die
Stütze des Hauses) (der Ernährer meiner Kinder).
O, sieh' auf seine Leiden, und gebiete ihnen, daß sie
von ihm weichen, daß der Kranke sich bald, recht bald
wieder aufrichte, in Fröhlichkeit Dir danke und Deine

Gnade preise. Alles Heil kommt von Dir; was nützt
Menschenbeistand und Menschenhilfe, wenn Du nicht
beistehend und helfend an unserer Seite bist! Auf Dich,
Allgütiger, will ich hoffen, Dir will ich vertrauen, Du
wirst mich stärken und meinem Geiste Einsicht geben,
daß ich die Pflicht der Pflege mit verständigem Sinne
übe. Du wirst mich nicht verlassen, gütiger Vater!
Amen!

Dankgabet für die Genesung eines Angehörigen.

Du, Allmächtiger, bis es, der die Gebeugten auf=
richtet, der die Gefesselten erlöset! Auch ich war tief
gebeugt in Kummer und Sorge, auch ich war gefesselt
an das Krankenlager meines . . . . Nun
bin ich wieder aufgerichtet, nun bin ich wieder erlöset!
Könnte ich nun der Freude mich hingeben, ohne Dein
und Deiner Hilfe dankbar zu gedenken? Ach wie oft
habe ich in den Tagen meiner Angst Dich angerufen, wie
oft habe ich Dich angefleht um das Glück, das Du nun
mir beschieden hast! Darum soll mein Herz es auch
nimmer vergessen, daß Du allein der höchste Wohl=
thäter bist. Was ist Menschenhilfe, wo Deine Hilfe
fehlt! Was ist Menschenkunst und Menschenweisheit,
wenn es nicht Dein Willen ist, daß sie nütze! Du,
Gott, allein, Du bist der treueste Arzt, der sicherste
Retter aus Krankheit und Gefahr. O, ich gedenke

lebhaft der trüben Stunden, da der Gedanke sich mir
aufdrängte, den ich vergeblich zu verscheuchen bemüht
war, den ich nicht zu denken wagte, und dennoch in
mir aufkommen lassen mußte, daß die Zeit gekommen
sei, um meinen . . . . für dies Leben zu
verlieren; da war mein Herz beklommen und mein Auge
voll Thränen, da waren alle Wünsche geschwunden und
nur e i n e r mir übrig geblieben, da waren alle Sorgen
vergessen und von e i n e r e i n z i g e n verdrängt. In
solchen Prüfungen wird der Sinn bescheiden und das
Herz genügsam. Nicht der Glanz der Welt fesselt da
den Blick, er ruht einzig auf dem Antlitz des Leidenden,
um ein Hoffnung erweckendes Zeichen zu erspähen. Nicht
das Geräusch des Verkehrs und des Vergnügens beschäftigt da das Ohr, es horcht einzig auf die Athemzüge des Kranken, um Trost zu erlauschen aus seinem
Schlummer. Und all' die Qual hast Du nun von mir
genommen. In frischer Lebenskraft steht . . . .
vor mir, und ich freue mich seines (ihres) Wohlseins.
O Gott! wie Du sein (ihr) Retter warst aus der Gefahr, so sei auch ferner in seiner (ihrer), in unsrer
aller Hilfe. Amen!

Gebet für Wohlgedeihen der Kinder.

Allwissender! Vor Deinem Auge ist die Zukunft
enthüllt, aber vor dem Auge der Menschen ist sie zu

ihrem Heile verschlossen. Was die Tage, die da
kommen sollen in ihrem Schooße bergen, das stellen
wir gern deiner Allweisheit anheim, und wenn wir
auch in dem Gebete, daß Du alles für uns zum Besten
leiten mögest, uns mit kindlichem Vertrauen an Dich
wenden.

Wenn ich aber an die Zukunft denke, so ist es
zunächst nicht die meinige, die mich beschäftigt, wohl
aber ist es die Zukunft meiner Kinder. All' mein
Sinnen und Denken ist darauf gerichtet, ihren Lebens=
weg zu ebnen, ich möchte hinreichen können mit meiner
Fürsorge bis ans fernste Ziel ihres Lebens, um jede
Gefahr von ihnen fern zu halten, um jedes Hinderniß
auf ihrem Pfade zu beseitigen. Ach, das ist eine
thörichte Sehnsucht, wenn sie gleich aus Liebe und Zärt=
lichkeit entspringt, denn ich weiß es wohl, daß ich Glück
und Segen meinen Kindern nicht geben kann. Du, nur
Du kannst es, darum sei ihr Schutz und Helfer immer=
dar. Doch auch Theil haben will ich an der glücklichen
Zukunft meiner Kinder, damit sie in dankbarer Liebe
noch meiner gedenken, wenn ich längst nicht mehr an
ihrer Seite bin. Dank Dir, mein Gott! daß ich es
kann! Du hast die Aufgabe mir zugetheilt, die Saaten
der Gottesfurcht und Tugend in ihr Herz zu streuen.
O laß' das Werk mir gelingen. Mache meine Kinder
gut und fromm, erleuchte ihren Geist, daß ihre Bildung
ihnen Achtung erwerbe unter ihren Nebenmenschen, er=
wärme ihr Herz für alles Edle, daß sie sich fern halten
von allem Niedrigen und Unwürdigen in ihren Empfin=
dungen, laß' sie leiblich gedeihen, daß sie angenehm zu

erscheinen vermögen vor der Welt. Waffne sie mit
Muth und Kraft gegenüber den Widerwärtigkeiten des
Schicksals, und schmücke sie mit Demuth und Ergebung
gegenüber Deinem Willen. Wende von ihnen ab Krank=
heit und Gefahr und erquicke mein, ihrer Mutter, Herz
(unser, ihrer Eltern, Herzen), an dem Anblick ihres
Wohlgedeihens.

In deine Hand, mein Gott, befehle ich diesen
heißen Wunsch meiner Seele. Amen!

Dankgebet für das Wohlgedeihen der Kinder.

Alles Gute kommt von Dir, mein Gott! Deine
Liebe ist ohne Ende. Laß' in Demuth Dich dafür
preisen! Wo sollte ich beginnen, wenn ich die Zahl
Deiner Wohlthaten rühmen sollte, mit denen Du mich
begnadigt hast von meiner Jugend an! Aber für ein
Geschenk Deiner Huld kann mein Mund nicht schweigen;
Eins ist es, das das heiligste und höchste Gut mir ist,
weil Du mich gewürdigt hast, Theil daran zu haben
durch eigene Mühe. Es ist das Wohlgedeihen meiner
lieben Kinder. Gesund und in Lebensfrische, fröhlichen
Gemüthes und klaren Geistes stehen sie vor meinen
Blicken, und mein Mutterauge ruht mit Stolz und
Freude auf ihnen. Nicht jeder Mutter ist gleiches Heil
beschieden. Traurig ist das Loos der Mutter, deren
Kinder der Quell ihrer Betrübniß sind. Mitleids=

werth ist das gequälte Mutterherz, das sich nicht er=
freuen kann an dem leiblichen und geistigen Gedeihen
ihrer Kinder.

Wie anders ist es bei mir! Und wie sehr auch
ist meine Liebe belohnt durch die Liebe meiner Kinder!
Sie halten mich (uns, ihre Eltern) lieb und werth und
keines mag mich (uns) betrüben. Sie sind wohlge=
rathen und an ihre Zukunft knüpfe ich (knüpfen wir)
die schönsten Hoffnungen, die meine (unsere) Seele er=
füllen O Gott, mein Gott! laß' sie alle fortschreiten
auf der Bahn der Tugend und der Weisheit, daß sie
in ihrem ganzen Leben sich Deines Wohlgefallens, und
des Wohlgefallens der Menschen erfreuen; erhalte sie
gesund an Leib und Seele und statte sie aus mit allen
Gaben Deines Segens, behüte sie vor Unglück und
Gefahren, rufe keines von ihnen ab aus dieser Erden=
welt bei meinem Leben (und bei dem Leben ihres
Vaters). O Herr mein Gott, erhöre mein Gebet und
wende nicht von mir Deine Liebe. Amen!

Gebet in trauriger Lebenslage.

Du schauest in mein Herz, Allwissender, und es
ist Dir bekannt, daß ich nicht mit Neid und Mißgunst
auf das Glück meiner Nebenmenschen blicke. Du weißt
es, daß ich mich jederzeit der Bescheidenheit in meinen
Lebensansprüchen befleißigt habe, daß ich zufrieden bin

mit dem Loose, das Du für mich bestimmt hast, wenn
nicht Sorge und Kummer in außergewöhnlicher Weise
mich niederbeugen. Ach leider ist es nun schon lange
so. Ich will nicht murren und rechten mit Deiner
Allweisheit, aber Dir klagen, was mich bedrückt, zu
Dir beten um Hilfe, das kann nicht sündhaft sein.
Ich war redlich bestrebt, meinen Weg zu ebnen, einen
anspruchslosen Pfad für meinen Wandel mir zu bahnen,
ich habe dem Leichtsinn nicht Raum gegeben in mir,
so daß er mich abführen mußte von der Straße des
Glückes und der Zufriedenheit, und doch hast Du es
anders über mich beschlossen, und nun reicht meine
Einsicht nicht aus, mein Schicksal zu ändern, meine
Kraft nicht, ihm Trotz zu bieten. Vielleicht führt dieser
Weg mich zum Heile, aber mein Auge schaut es nicht.
Vielleicht bedarf ich der Läuterung, aber mir fehlt die
Ruhe der Ergebung. Darum ist meine Seele betrübt
und mein Herz traurig. Nur Du, mein Gott, bist
mein Trost, meine Zuflucht und meine Hoffnung; vor
Dir ist die Zukunft offenbar, Du weißt den Ausgang
aller Dinge. Deine Weisheit führt alles zum guten
Ende. O, laß' mich fest sein in diesem Glauben, damit
mein Geist aufrecht bleibe. Vielleicht aber auch habe
ich durch meine Thorheit und meine Fehler mein
Schicksal verschuldet. Dann, o Herr, mein Gott! vergieb
mir, laß' es genug sein und blicke wieder freundlich auf
mich. Nimm Dich meiner an um Deiner unendlichen
Liebe willen, sende wieder Freudigkeit und Frieden in
mein Denken und Fühlen. Trostreich spricht zu mir
das Wort des Sängers: „Nicht für immer bleibt

der Bedrängte vergessen." "Wird denn Gott ewig zürnen? wird er denn nicht wieder freundlich sein? Hat denn der Herr seine Gnade vergessen, kann denn im Zorne seine Liebe untergehn?" Darum: "Was betrübst Du Dich meine Seele, und bist so unruhig in mir?" "Vertrauen will ich auf Gott und werde ihm danken können, Angesichts dessen, daß er mein Gott und meine Hilfe ist." Amen!

Gebet um Geduld und Zufriedenheit.

Allmächtiger! Verschieden vertheilt auf Erden sind die Loose der Menschen. Der eine wandelt sorglos dahin und kann nicht eindringen in den Kummer seines Nächsten, wenngleich er ihn oberflächlich zu überschauen vermag; der Andere seufzt unter der Bürde drückender Verhältnisse und vermag nicht seinen Geist zu erheben zu urtheilsfreier Anschauung der Dinge, weil eben das Leid seinen Blick umnebelt. So ist und bleibt jeder Mensch darauf angewiesen, eine Welt in sich selbst zu finden, daß er den Maßstab von Glück und Unglück nicht anlege an die vermeintlichen Lebensschicksale Anderer, auch nicht an Dinge, die außerhalb seines eigenen Willens und seiner Kraft liegen, und ebenso wenig an die Erscheinungen der nebelhaften Welt, die seine Einbildungskraft sich aufbaut, und an das

Zauberreich, das seine Wünsche aus dem Nichts hervorrufen.

. Wohl ist der Mensch nicht dazu geschaffen, un-
schuldige Wünsche in sich zu unterdrücken, keinerlei Hoffnungen Raum zu geben und in dumpfer Hingebung
nie die Frage in sich aufkommen zu lassen: was bin
ich? und was möchte oder könnte ich? Im Gegen-
theil! Wünsche und Hoffnungen sind die freundlichen
Sonnenstrahlen, die gar oft die Dunkelheit der Gegenwart verscheuchen, und Streben nach Höherem, Streben
nach Besserem ist ganz gewiß ein Zeichen und ein Bedürfniß einer edlen Natur, selbst das Streben nach
zeitlichem Wohlsein. Streben ist Leben!

Aber verwerflich ist es, zu hadern mit dem Schicksal, daß es uns nicht gleich gemacht hat denen, die
wir für glücklich halten; vermessen ist es, zu behaupten,
daß wir glücklicher wären, so dasjenige unser Theil
würde, was wir als solches annehmen und eintauschen
wollen; thöricht ist es, dem Glücke verächtlich den Rücken
zu kehren, das wir auch in unserer Lage finden können.
Im eignen Herzem ist die Welt, die wir nach unserm
Wohlgefallen uns einzurichten vermögen.

Darum, mein Gott, will ich mich bestreben, nicht
nachzuhängen eit'en Wünschen, will ich mich bestreben, in
redlicher, gewissenhafter Ausübnng meiner Pflichten
meine Ruhe, in dem Gedeihen meiner Arbeit meine
Freude, in den Stunden der Erholung und der Sammlung mein Vergnügen zu finden; nicht sorgen um das,
was morgen mich treffen könnte, sondern Dir danken
für das, was Du heute mir beschieden hast; nicht immer

16*

und immer hinschauen auf das, was mir fehlt, sondern mich erfreuen an dem, was ich besitze. Still vor mich hin will ich das Rechte thun und Dich walten lassen. Ich will mich zu schützen suchen vor Ungebühr, die an mich herantritt, aber nicht anstürmen gegen die Scheidewand, die mich trennt von den Beneideten.

Das ist nicht Trägheit, das ist Ausdauer; das ist nicht Thorheit, das ist Besonnenheit, das ist nicht Stumpfsinn, das ist Zufriedenheit.

O Herr, laß' mich immerdar also wandeln vor Dir, dann wird auch das Leid mir den Frieden meines Herzens nicht rauben können, dann werde ich ausgerüstet sein mit Geduld und Stärke, wenn Schweres mich trifft. Und wenn der Himmel meines Lebens nicht freundlich ist, dann wird nicht meine Thorheit und Unzufriedenheit ihn mit Wolken bedecken. Ich werde fähig sein, das Böse zu ertragen und das Gute zu genießen. Amen!

Gebet für Fürst und Vaterland.

Herr und Vater! Es ist Deine Veranstaltung, daß die Obrigkeit herrsche auf Erden, daß sie dem Redlichen ein Schutz, dem Frevler ein Schrecken sei, und glücklich ist das Land, das nach weisen Gesetzen regiert wird von der kräftigen Hand eines gerechten und edlen Fürsten. O, segne den erhabenen Regenten unseres Landes, der in hoher Weisheit und väterlicher Milde als Herrscher waltet und wacht über sein Volk, segne sein ruhmreiches Haus und laß' sein Geschlecht fort= regieren auf seinem Throne für alle Zeit.

Segne unser theures Vaterland, halte fern von ihm schwere Zeiten des Krieges und der Noth, daß fort und fort die Wohlfahrt der Gesammtheit seiner Bewohner gefördert werde durch das Emporblühen der Bildung, des Verkehrs und der Eintracht. Amen!

Gebet in Zeiten allgemeinen Drangsals.

Herr und Vater! Böse Zeiten sind über uns hereingebrochen, Kummer und Traurigkeit erfüllen jegliches Herz, Trübsinn und Zaghaftigkeit jeglichen Geist. Rathlos stehen wir vor der Gefahr, angstvoll vor dem feindlichen Verhängniß. Wer aber, o Herr, sollte zweifeln an Deiner Weisheit und Gerechtigkeit! Muß nicht vielmehr die Ueberzeugung in uns lebendig werden, daß eben Du es bist, der seine strafende Hand ausgestreckt hat über die Menschen, daß sie in Demuth ihrer Niedrigkeit inne werden, daß sie ablassen von allem Stolz und allem Dünkel und wiederum in dem gemeinsamen Gefühle ihrer vollständigen Abhängigkeit von Deinem Willen, mächtig hingedrängt werden zum Gebete, tief im Staube vor Dir. Und dieses Gebet, gnadenreicher Gott, laß' es vor Dich kommen, schaue freundlich auf uns vom Throne Deiner Barmherzigkeit.

Laß' es genug sein und wende ab von uns Leid und
Noth. Gebiete dem Engel des Verderbens, den Du
ausgesandt, daß er ablasse von seiner Züchtigung.
(Sende den Engel des Friedens, daß er wiederum
einkehre in unsere Mitte.) Wahrlich! Du bist der
Herr, „dessen Zorn nur einen Augenblick und
dessen Gnade lebenslang währet," darum „ver=
birg nicht ferner Dein Angesicht vor uns, ver=
giß nicht ferner unser Leid und Elend". „Stehe
auf zu unserer Hilfe und erlöse uns um Deiner
Liebe willen." Amen!

C. Jahrzeit=, Friedhof=Gebete und Todtenfeier.

I. Jahrzeit=Gebete.

Gebet am Jahrestage vom Tode des Vaters.

„Ehre Deinen Vater und Deine Mutter!" So hast Du, Herr, es geboten in Deiner heiligen Lehre. Aber die Ehrfurcht und die Liebe der Kinder zu ihren Eltern sind nicht allein eingegraben in die Tafeln des Gesetzes. Du hast sie auch eingegraben in die Tafeln unseres Herzens. Unverlöschlich ist diese Schrift, unvergänglich ist diese Liebe, sie stirbt nicht im Herzen des Kindes, wenn auch das Auge der Geliebten längst schon gebrochen ist im Tode. Darum, o Herr, mein Gott, wirst Du es in Deiner eigenen Liebe mir anrechnen, als ein Gebet zu Dir, wenn ich heut das Wort meiner Andacht an den verklärten Geist meines Vaters richte, der bei Dir weilt, geborgen im Schatten Deines Zeltes, gewürdigt des seligen Lebens in der Ewigkeit, das Du als ewiges Antheil den Frommen bestimmt hast, die in Deinen Wegen wandeln auf Erden. Und so wende ich mich nun an Dich, verklärter Geist meines lieben Vaters, heute, da im Laufe des Jahres

der Tag wiedergekehrt ist, der einst dich abrief von
unserer Seite, um dich einzuführen in deine himmlische
Heimath.

Ach, ich muß vor Dir aussprechen, wessen ich
mich erinnere, was ich glaube, und was ich hoffe.

Ich erinnere mich heute, lieber Vater, an deine
unendliche Liebe, mit der du in den Tagen deines
Lebens mich und alle die Deinen geliebt, wie ihr Wohl
dein höchster Wunsch, ihr Glück deine höchste Freude,
ihre Tugend dein höchster Stolz war. Ich erinnere
mich, lieber Vater, an deine Treue, wie du für uns
gesorgt und gearbeitet, gestrebt und gelitten hast in
unermüdeter Thätigkeit. Ich erinnere mich heute, lieber
Vater, an deine Milde und Güte, wie du stets mit
liebevollem Auge uns angeblickt, wie du Nachsicht ge=
übt mit unseren Schwächen und Mängeln, und wie du
uns Freuden und Genüsse darbotest, wo du sie zu er=
sinnen und zu schaffen vermochtest. Ich erinnere mich
an deine weise Lehre, die es nie und nimmer fehlen
ließ, den Samen der Tugend und der Gottesfurcht in
unsere Herzen zu streuen. An alles dieses erinnere
ich mich, und wiederum steht dein ganzes Wesen lebhaft
vor meiner Seele. Ach, alles das ist hingeschwunden
in der Stunde deines Todes.

Meine Erinnerung erfüllt mich mit Trauer, aber
mein Glauben erfüllt mich mit Trost. Ich glaube,
daß dein Geist nicht von uns geschieden ist, wie dein
Körper, daß er, entledigt der Fesseln des Irdischen, frei
und glücklich ein neues Leben lebt im Reiche der Seligen,
daß er auf uns schaut und auf uns achtet, ich glaube,

daß deine Liebe nicht gestorben ist, daß sie fortlebt für uns, wie unsere Liebe für dich. Ich glaube, daß wir nicht für die Ewigkeit getrennt sind, daß du uns nur vorangegangen bist in das Land des ewigen Lebens, und daß du harrest, bis daß wir kommen.

Und dieser Glauben, er giebt mir die Hoffnung, daß wir nicht ganz entrückt sind dem Einflusse deiner väterlichen Liebe. Unsere menschliche Erkenntniß vermag den Zusammenhang nicht zu bestimmen zwischen den Seelen der Lebenden und denen der Abgeschiedenen, aber das menschliche Herz vermag sein Dasein lebhaft zu empfinden. Was giebt es Süßeres, als das Bewußtsein, daß du mich siehst, daß ich noch heute deine Zufriedenheit mir erwerben, daß ich noch heute dich verehren kann. Und in diesem Glauben hoffe ich auch, daß du, verklärter Geist, ein Fürsprecher für mich und für uns Alle bist vor Gott.

Du aber, barmherziger Gott, o gewähre meinem lieben Vater die reinsten Freuden himmlischer Seligkeit. Laß' unser Gebet für sein ewiges Seelenheil vor den Thron Deiner Barmherzigkeit gelangen und nimm es auf mit Wohlgefallen. Gedenke seiner Seele all' seine Tugend, die er geübt in den Tagen seines Erdenwandels, und laß' sie reiche Vergeltung finden in der Ewigkeit, verlösche seine Schuld, wenn er gefehlt in seinem Wollen oder seinem Thun auf Erden, und richte ihn nach Deiner Milde. O Herr, mein Gott, womit kann ich des Herzens Innigkeit Dir bekunden? Dem Auge Deiner Allwissenheit ist der geheimste Gedanke meines Herzens nicht verborgen. Nicht bestechen will ich deine Gnade, nur befriedigen will ich den Drang meines Gemüthes durch die Gabe, die ich niederlege auf dem Altar der Wohlthätigkeit. Darum nimm wohlgefällig auf die Spende, die ich darbringe für das Seelenheil meines Vaters. Amen!

Gebet am Jahrestage vom Tode der Mutter.

Allgerechter! Allgütiger! Vernimm heute in Gnade und Barmherzigkeit ein Gebet aus meinem Munde, das hervorgeht aus der lebhaftesten, aus der tiefsten Empfindung meines Herzens. Heut an dem Jahrestage jenes traurigen Tages, an dem Dein unerforschlicher Rathschluß das Theuerste auf Erden, die innniggeliebte Mutter, von meiner Seite nahm, so daß ich fortan ihre leibliche Nähe entbehren mußte und entbehren muß für die ganze Zeit meines Wandels in dieser Zeitlichkeit, vernimm heute mein inniges Gebet für das ewige Heil der geliebten Seele. O gütiger Vater im Himmel, schenke meiner Mutter jetzt und alle Zeit die reinste Seligkeit des ewigen Lebens bei Dir, daß sie in himmlischer Wonne Vergeltung finde für alles, was sie auf Erden verdient, für alles, was sie auf Erden gelitten hat. Vergelte mit Deiner Liebe ihrer Seele die Liebe, die sie in diesem Leben so reichlich gespendet und um sich verbreitet hat. Laß' ihre Seele in der Ewigkeit Genüge finden für alles Streben, das

unbefriedigt geblieben ist auf Erden und stärke mich und
alle die Ihrigen mit dem Geiste der Tugend und
Rechtschaffenheit, der Weisheit und Gottesfurcht, auf
daß ihr seliger Geist jederzeit mit Befriedigung auf
uns zu blicken vermöge. Amen!

Da aber, verklärte, geliebte Seele, vernimm mit
Wohlgefallen den Ausspruch meines Mundes, der mein
inniges Andenken an dich bekunden soll. Lebhaft steht
heute, du liebe Mutter, dein Bild vor meinem Auge,
wie du mit Güte und Zärtlichkeit auf mich und alle
die Deinen geblickt, wie du für uns gedacht, gesorgt, wie
du uns geleitet und gelehrt, wie du so ganz für uns
gelebt hast.

Da muß ich es wohl empfinden, daß ich von dir
nicht ganz getrennt bin, daß du von mir nicht ganz
geschieden bist, daß du lebst, auch in meiner Nähe
lebst, denn du bist in meinem Herzen geblieben. Das
Band der Liebe, das dich mit uns vereinte, ist nicht
zerrissen und nicht aufgelöst. Noch vermag ich dir
wohlgefällig zu sein, noch vermag ich, dich zu verehren,
noch vermag ich deine Zufriedenheit mir zu erwerben.
Ja, auch noch vermag ich es, zu bereuen, wenn ich
dich betrübt, wenn ich deine Treue und Hingebung
verkannt und die Ehrerbietung gegen Dich verletzt habe,
und auch jetzt noch wirst du im Reiche der Seligkeit
es freundlich hören, wenn ich für alles um Verzeihung
dich bitte, wodurch ich einst dein edles Herz verletzt habe.

O, so sei auch du eine Fürsprecherin für mich
und die Meinigen alle vor dem Throne des Allmäch=
tigen, daß Gottes Güte von uns wende Gefahr, Trüb=

sal und Noth, daß er unser Bestreben segne, reinen
Herzens zu wandeln vor ihm und vor den Menschen,
damit wir immer und immer so leben, wie du es
gewollt, wie du es uns gelehrt hast. Des himmlischen
Vaters Barmherzigkeit sei mit uns auf Erden und mit
dir in der Ewigkeit. Amen!

Dasselbe
(für eine Frühverwaiste).

Mit Andacht und Trauer erfüllt der heutige Tag
meine Seele. Ach, es ist der Tag, an dem ich das
herrlichste der Erdengüter verloren habe, ehe ich es vermochte, die Größe des Verlustes zu ermessen. Heut
ist der Tag, an welchem meine Mutter eingegangen
ist in das Reich der Ewigkeit, um die Seligkeit der
Gerechten zu genießen. Verlassen aber bin ich auf
Erden, nie bringt der liebliche Mutterblick in mein
Auge, nie koset mit mir die liebliche Hand der Mutter,
nie beglückt mich das himmlische Gefühl, ihre Zufriedenheit zu erwerben, die Zärtlichkeit zu verdienen Ach,
das ist ein trauriges, bitteres Loos! Aber Eines tröstet
mich, Eines empfinde ich, daß ich sie dennoch liebe, und
daß auch mir ihre Liebe nicht fehlt. Mit Begeisterung
habe ich seit meiner Kindheit Tagen jedes Wort ver-
nommen, das von ihr und ihrer Güte und Lieblichkeit
mir Kunde gab, und noch heute erregt kein Gedanke
mich lebhafter, als die Vorstellung, daß ihr seliger

Geist mir nahe sei, mich beachte, mich beschütze, mich liebe.

O, Herr mein Gott! Allgütiger Vater! Nie habe ich in meinem Leben meiner Mutter Freude bereiten, nie meine kindliche Liebe ihr beweisen können. O, so nimm Du mein Gebet nun wohlgefällig auf, das ich für ihr ewiges Seelenheil an dich richte. Schenke ihr alle Freuden, die das Reich der Ewigkeit allen tugend-haften Seelen gewährt.

Du aber, geliebte Seele meiner Mutter, schaue freundlich aus dem Paradiese auf dein treues Kind. Sei eine holde Fürsprecherin für mich (und für meinen Vater und für die Unsrigen alle) vor dem Throne Gottes, daß er seine Gnade und seine Barmherzigkeit nicht von uns wende. Ich will so gern es glauben, daß du es schon bis heutigen Tags für mich gewesen bist, o, dann fehlt mir auch die Freude nicht, dir dankbar zu sein.

Ehren will ich dich in meinem ganzen Leben durch meine Liebe, durch meine eigene Ehrbarkeit und durch mein inniges Andenken. Amen!

2. Friedhof-Gebete.

Gebet zur Feier aller Seelen

(auf dem Friedhofe am Vorabend des Nissan-Neumonds*).

Herr, was ist der Mensch, daß Du Dich sein annimmst,
    der Erdensohn, daß Du auf ihn achtest!
Der Mensch, einem Hauche gleich, seine Tage — dem
    Schatten, der dahinzieht! (Pf. 144, B. 3 u. 4.)
Und du hast ihn göttlichen Wesen wenig nachgesetzt, mit
    Würde und Hoheit krönst du ihn. (Pf. 8, B. 6.)
Doch weiß ich, Du führst zum Tode mich, ins Sammelhaus
    für alles Lebende. (Hiob 30, B. 23.)

יְיָ מָה אָדָם וַתֵּדָעֵהוּ בֶּן אֱנוֹשׁ וַתְּחַשְּׁבֵהוּ:

אָדָם לַהֶבֶל דָּמָה יָמָיו כְּצֵל עוֹבֵר:

וַתְּחַסְּרֵהוּ מְּעַט מֵאֱלֹהִים וְכָבוֹד וְהָדָר תְּעַטְּרֵהוּ:

כִּי יָדַעְתִּי מָוֶת תְּשִׁיבֵנִי וּבֵית מוֹעֵד לְכָל חָי:

---

*) Sowie für den Besuch der Gräber überhaupt.

Gebet.

An der Stätte wehmüthiger Erinnerungen sind wir versammelt, und lebendig treten uns geliebte Gestalten entgegen, deren liebevolle Nähe wir schmerzlich vermissen. Wir haben viele hierher begleitet, mit denen wir gern gewandelt sind, bis wir zu diesem Orte hin den letzten Gang mit ihnen gemacht haben; erst dann werden wir mit ihnen wieder vereinigt, wenn auch uns die letzte Erdenstunde geschlagen hat. Manches theure Haupt ruht hier, das Gedanken voll Ernst in sich gehegt, mit Hingebung für uns gesorgt und gewirkt hat, und Herzen sind hier vergraben, die bis zu ihrem letzten Hauche in Zärtlichkeit und Wohlwollen sich für uns bewegt haben. Hier schweigen die Lebenskämpfe; auch die Mühseligkeiten finden hier ihr Ende, auch die Eitelkeit hier ihr Grab. Was den Menschen an die Sinnlichkeit und die Selbstsucht fesselt, das ist der Vergänglichkeit preisgegeben; ein wenig Staub, das ist der Ueberrest seines irdischen Theiles. Aber der Geist, der hienieden schon das Unendliche umfaßt, der hienieden schon über Zeit und Raum sich erhebt, er verwest nicht hier, das liebende Herz, welches seinen Reichthum auf andere überträgt, welches überfließend in der Theilnahme und im Wirken für andere lebt, es ist nicht todt. Aus dem Frieden der Gräber tönt es hervor: was irdisch war an uns, das ist der Erde zurückgegeben, aber der Geist ist unsterblich, die Liebe ist unendlich, ewig. Die Stimme der im hiesigen Leben uns Theuern rufet uns zu aus den Wohnungen der Verklärten: nicht der

17

finstern, dahinbrütenden Trauer ergebt euch, weil wir
von euch geschieden sind; wir sind dem Rufe des ewigen
Geistes, des Vaters der Liebe, gefolgt, Sein Geist wird
auch über euch wachen, Seine Liebe auch euch beschützen.
Lernet aber hier, dem Geiste und der Liebe, der Wahrheit und der thätigen Fürsorge für die Gesammtheit,
dem Ewigen und dem Allgemeinen eure Kräfte zu
widmen; es ist das Einzige, das die Brücke bildet
zwischen dem Leben hienieden und dem in der Ewigkeit,
es allein füllt die Kluft aus, welche das Grab öffnet.
Säet Liebe aus, und die Frucht wird euch werden; es
heilen die eigenen Wunden, wenn wir Anderer Wunden
zu heilen bemüht sind.

Ja, mit Ruhe und Ergebung wollen wir zu euren
Gräbern hinwandern, die ihr im Leben uns nahe ge-
standen und Lieblichkeit auf unseren Pfaden verbreitet
habt. Im Geiste sind wir noch verbunden, für die
Liebe giebt es keine Trennung; die Selbstsucht aber
wollen wir bannen, und die Stimme, die den Genuß
bejammert, der uns durch euch geworden ist, wollen wir
zum Schweigen bringen. Ein edles, reines Band umschlingt uns auch heute noch, und euer Andenken möge
uns stärken und erquicken in den Kämpfen des Lebens,
auf daß wir in Redlichkeit und mit reichen Gaben des
Geistes das Leben durchwandern, bis uns einst des
Sieges und des Friedens Palme weht. Dort leben wir
dann vereint in den Geistesräumen, wo, wie hier, ein
ewiger Vater uns alle beschirmt. Amen!

(Die einzelnen verfügen sich an die Gräber ihrer Angehörigen
oder Freunde und verrichten dort ihre Gebete.)

An dem Grabe der Eltern.

An dein Grab trete ich, lieber Vater (liebe Mutter), deine theuern Züge treten mir vor die Seele, deiner Liebe gedenke ich lebhaft. Deine zärtliche hingebende Sorgfalt gegen mich hat mich während deines Lebens so treu geführt, und im gegenwärtigen Augenblick erinnere ich mich so vieler Beweise deines unerschöpflichen Wohlwollens, deiner Güte und Freundlichkeit gegen mich. Nicht immer erkennt das Kind bei Lebzeiten seiner Eltern genügend diese reiche Liebe an, die unermüdete Thätigkeit, mit der die Eltern wachen und sorgen, nicht genügend beweiset es ihnen Dank und Erkenntlichkeit. Auch ich habe dich wohl zuweilen, geliebte Seele, betrübt, selbst in den Jahren der Reife, auch ich mag nicht immer deinen Erwartungen entsprochen haben, die nur meinem wahren Wohle galten. Lieber Vater, (liebe Mutter), Du blickest dennoch segnend auf mich herab, denn die Liebe ist nachsichtig und milde! Mir aber fehlt deine Stütze, dein weiser Rath, dein freundliches Wort, deine liebevolle That, mir fehlt der seelenvolle Blick, der das Innerste meines Herzens erwärmte, der mich ermutigte und belehrte, mich kräftigte und abmahnte. Jedoch die Weisheit der göttlichen Weltregierung bestimmt es so, daß die Kinder zur Selbstständigkeit heranreifen sollen, daß sie, der eigenen Stütze beraubt, Andern wieder Stütze werden sollen. (Wohl bist du mir frühzeitig entrissen worden, du hast nicht das gewöhnliche Lebensziel erreicht; mir ward nicht das Glück zu Theil, meine Eltern um mich zu sehen, bis sie satt an Tagen, segnend von hinnen geschieden, und

17*

in Zeiten ernster Lebensentscheidungen, wo das Kind
des Rathes und der Führung bedarf, da fehlte mir
da fehlt mir dein gewichtig Wort. Doch wird dein
unsichtbarer Geist mich berathend umschweben, ich fühle
deine Nähe in solchen Augenblicken, und der allliebende
Vater wird auch mich nicht verlassen). (Kaum habe
ich dich, lieber Vater (liebe Mutter), gekannt, kaum
habe ich jenen Namen, der alle Süßigkeit in sich schließt,
aussprechen gelernt; ach, jene schützende Fürsorge, die
Andere so sehr beglückt, sie ist mir durch den Rath=
schluß Gottes, durch dich nicht geworden; dein brechen=
des Auge sah wehmüthig auf mich, damals noch Un=
mündigen (Unmündige), dein enteilender Geist zögerte
in Bekümmerniß um mich, ach, ich wußte es nicht.
Dennoch hängt mein Herz mit Verehrung an dir, ich
füge mich in den göttlichen Willen, der eine große
Freude meinem Leben entzogen hat. Deine äußere Persön=
lichkeit vermochte nicht auf mich einzuwirken, deine
Liebe blieb mir doch, und, mir unsichtbar, leitest du
mich doch.)

Drum sei mein Leben, lieber Vater (liebe Mutter),
der Aufgabe geweiht, einen Wandel zu führen, der
deinem reinen Geiste wohlgefällt. Deine Liebe soll nicht
einem (einer) Unwürdigen zugewandt sein. Dein An=
denken steht mir allezeit nahe, und dein Name soll durch
mich stets geehrt werden. Ich fühle mich mit dir ver=
bunden, und dir nachzueifern in allem Guten und Edlen,
sei mein Streben. Blicke auf dein Kind herab und
umgieb es in allen Lagen des Lebens. Bewahre mein
Herz vor Stolz und vor Verzagung, vor der Genuß=

sucht und der Gleichgültigkeit gegen das Leben, lenke
meinen Geist auf die Bahn der Klarheit und flöße
meinem Herzen Vertrauen ein auf Gott und Wohlwollen
gegen die Menschen. In Zeiten der Gefahr und der
Versuchung mögest du mir ein unsichtbarer Berather
(eine unsichtbare Beratherin) sein, daß ich nicht wanke
und strauchle und mich schämen müßte, dann zu dir
aufzublicken, damit, wenn ich einst zu dir komme, du
mich freudig begrüßen kannst und nicht der Blick des
Vorwurfs und des Kummers mich von dir fern halten
müsse.

Für dein Seelenheil aber flehe ich zum ewigen
Vater. Bei aller Liebe zu dir, bei aller Verehrung
gegen dich darf das Kind es doch aussprechen; kein
Mensch ist ohne Fehl, und nur die Gnade Gottes bedeckt
die Sünde, nur seine Verzeihung führt zum ewigen
Heile. Dunkel ist meinem Geiste jetzt noch die Bahn,
die du nun wandelst! Aber du bist, du lebst noch, das
fühle ich tief in meinem Innern. Wenn eine solche
Gotteskraft schwinden könnte, wenn eine solche tiefe
Innerlichkeit, wie deine Liebe war, wenn solche Gefühle,
wie du sie gegen mich gehegt, bloß ein Erzeugniß von
Erde, von Fleisch und Blut und deshalb vergänglich
wären, dann müßte alles zusammenstürzen, dann gäbe
es auch hier keinen Geist, keine Höhe, keine Würde,
keine Liebe, keine beseeligende Innigkeit. Nein, du
lebst, du lebst bei Gott und in seiner geistigen Nähe
strahlt auch dein Geist für und für.

An dem Grabe eines Sohns oder einer Tochter.

Du bist mir vorausgeeilt, mein liebes Kind!
Schon manche Thräne habe ich dir nachgeweint, schon
mancher Seufzer ist meiner Brust entstiegen, weil du
mir fehlst. Es ist eine harte Prüfung, die Gott mir
auferlegt, und mein Herz ist tief betrübt, so oft ich
deiner gedenke. Du hattest schöne Hoffnungen in mir
erweckt, und manche Freude strahlte mir von dir aus
der Zukunft entgegen. Ich glaubte, du würdest mein
Alter schmücken, du würdest der jugendliche Kranz auf
meinem Haupte sein, wenn es greis wird; ach, ich habe
dir den Todtenkranz auf dein Haar gedrückt! Gott
wollte es so! ich kann nicht, ich darf nicht gegen sein
Gebot murren. Habe ich etwa gesündigt gegen dich?
war mein Herz zu stolz in der Liebe zu dir? habe ich
meine ganze Hoffnung zu sehr auf dich gesetzt und Gott
wollte meine Kraft wachrufen? Ich weiß es nicht.
Aber das weiß ich, daß das Leben des unvollkommenen
Menschen Leiden haben muß, damit das Herz geläutert
werde, damit der Mensch tüchtiger werde an Kraft.
Ich habe Jahre der Seligkeit genossen in deinem Besitze,
die Liebe freut sich der Gabe, freut sich der Sorge um
den geliebten Gegenstand, freut sich lieben zu können.
Diese Liebe sei mir ein unentreißbares Gut, sei mir
das theure Vermächtniß von dir, die Liebe zu dir
schwinde nicht aus meinem Herzen, sie lehre mich auch,
Andere lieben. Der Genuß, auch der reinste, ist vergänglich, aber die Liebesthat bereitet immerwährende
Freude, sie ist ein Balsam für das verwundete Herz.
Mein geliebtes Kind: ich hätte gern noch weiter

um dich gesorgt, gern dich eingeführt in die höheren
Stufen des Lebens; du bist frühzeitig in ein anderes
Dasein versetzt und meiner Sorgfalt entrückt worden.
Ob du dort schon als vollendeter Geist wirken kannst?
Ich vertraue auf Gottes Güte, er wird dir, was du
hier nicht erreichen konntest, dort leicht machen, er
wird den jugendlichen Geist rasch zu den Zielen der
Vollendung gelangen lassen. Du bist hier über die
Mühen des Lebens rasch hinweggeglitten, du hast die
harten Prüfungen nicht zu bestehen gehabt, harmlos
und heiter wie in diesem Leben gingst du in das
Gottesreich ein. Dort ist deine Seele, nicht berührt
von den verunreinigenden und niederdrückenden Kräften
des Erdendaseins, verklärt, und du weilest im Chore
der Edlen. Sollte ich um deinetwillen klagen? Nein,
auch ich will den Verlust tragen mit der Kraft der
Liebe, welche du mir eingeflößt hast. Dein Andenken sei
mir ein reines, nicht getrübt durch die Thränen bittern
Schmerzes, welche es mir entlocken könnte, nicht ent=
stellt durch den Gram, der in meine Züge sich ein=
prägen möchte. Wir vereinigen uns einst wieder,
die Sehnsucht des elterlichen Herzens ist wahr, sie
ist wahrer als alle Erscheinungen der Welt, denn
sie lebt im Tiefsten des Gemüthes, diese Sehnsucht
ist wahr, und der ewige Gott der Liebe wird sie be=
friedigen.

Für dein Seelenheil aber, mein frühverklärtes
Kind, bete ich innigst zu Gott; bist du in jugendlicher
Unreife eingegangen in sein Reich, hast du noch Spuren
des Leichtsinns in jener ernsten Stunde an dir getragen,

der Allgütige wird sie dir vergeben. Ein Vater ver=
zeiht gern, und er ist ja unser aller Vater!

An dem Grabe des Gatten oder der Gattin.

Wir hatten ein unauflösliches Band geknüpft,
wir wollten gemeinsam durch das Leben wandern; das
Band ist zerrissen, ich stehe einsam da. Ich danke
dir mein guter Mann (mein gutes Weib), für die
Treue, welche du gegen mich geübt, für die Sorgfalt
mit der du mich umgeben, für die Innigkeit, die du
mir bewiesen hast; überall, wenn ich in mich, wenn ich um
mich her blicke, da gewahre ich die Spuren deines
Wirkens. (Kurz war unsere gemeinschaftliche Erden=
Wallfahrt, aber die Erinnerung an die empfundene
Liebe bleibt immer erquicklich, das treue Andenken ist
unverlöschlich) — (Du hast unsere Kinder (unser Kind)
mit einer Zärtlichkeit gehütet, die nur ich verstand, du
hast sie (es) gelehrt, daß sie (es) Gott verehren (ver=
ehre) und auf ihn vertrauen (vertraue), daß sie (es)
das Gute lieben (liebe) und in der Erfüllung der
Menschenpflichten ihre schönste Aufgabe finden (finde);
du hast ihnen (ihm) als theures Vermächtniß auch
die Liebe gegen mich hinterlassen. Auch dafür danke
ich dir, mein guter Mann (mein gutes Weib). Deine
Sorgfalt kann ich unsern Kindern (unserm Kinde) nicht
ersetzen, aber ich werde, soweit es in meiner Kraft liegt
— das verspreche ich dir hier, wo deine Asche ruht,
und wo dein Geist sich losgerungen hat, das verspreche
ich dir hier im Angesicht Gottes — ich werde sie (es)
führen nach meiner Kraft, auf daß dein frommes Auge

wohlgefällig auf ihnen (ihm) ruhe, ich werde sie (es) führen in Gottesfurcht und Menschenliebe, daß sie (es) ehrenhaft leben (lebe) in redlichem Willen und nicht verachtet seien (sei) bei Gott und den Menschen, ich werde sie (es) lehren, dein theures Andenken ehren und die Liebe zu dir im Herzen tragen.) — Was du mir warst, ich werde es ewig tief fühlen. Doch ich muß noch in diesem Leben weilen, während du schon einen verklärten Himmelssitz einnimmst. Gott will es so. Soll ich fragen? Soll ich klagen? Die Frage wird nicht beantwortet. Der Mensch ist unvollkommen, seine Wall= fahrt hienieden, damit er seine Kraft erprobe und aus= bilde, nicht, damit er ungestört genieße. Ich will nicht als ein verdrossener Knecht, sondern als ein williges Kind Gottes erfunden werden (verlange ich ja auch von unsern Kindern (unserm Kinde), daß sie (es) sich ohne Murren ergeben (ergebe), und verlange ich ja Gehorsam von ihnen (ihm), wenn sie (es) auch nicht einsehen (einsieht), daß es zu ihrem (seinem) Wohle gereicht). Darum will ich ruhig hienieden fortwandeln, bis es einst dem Herrn über Leben und Tod gefällt, auch mich einzusammeln zu Allen, die mir vorange= gangen sind, auch zu dir, mein guter Mann (mein gutes Weib). Was rein und edel hier an uns war, das lebt dort sicherlich fort, und schöner wird das Band sein, das uns dann in Wahrheit unauflöslich umschlingt.

Ach, daß es dir dort wohlergehe, bis ich wieder mit dir vereint bin, das ist mein täglich Flehen zu Gott. Wie dein wachsames Auge uns von dort auch umgiebt, mich und Alle, die uns in Liebe nagehören,

so möge Gottes Vaterhuld dir die Fülle seiner Seg=
nungen gewähren! Mein guter Mann (mein gutes
Weib), dieser Grabhügel decket deine Asche, dein Herz
ist nicht todt, dein liebevolles Gemüth ist nicht gestorben,
du lebst in mir, du lebst bei Gott!

Am Grabe der Geschwister,
Großeltern, Schwiegereltern und anderen Verwandten.

Ich sehe dich nicht mehr mit leiblichem Auge,
Du, dessen (deren) Nähe mich und Alle, die zu uns gehören,
so oft erquickte. Du bist dem Kreise der Unsrigen
entrückt, und schmerzlich vermissen wir dich. Wir sind
um vieles ärmer geworden durch deinen Verlust, ärmer
geworden an Lebensfrische, ärmer an den Beweisen
deiner Liebe. Du hast überall Freundlichkeit hinge=
tragen, für alle Angehörigen einen Blick der Liebe ge=
habt. Und dein Wort, es erfrischte und erquickte. Nun
du fehlest, da fühlen wir erst recht, was du gewesen bist,
wie du das Band so eng geknüpft, wie du heilsam ge=
wirkt, wie du die Liebe gepflegt hast. Mein Herz ist
tief betrübt; nur dein kühles Grab kann ich umfassen,
ich breite die Arme nach dir aus, sie können dich nicht
umfangen. So zieht einer nach dem Andern hin, der
Kreis wird gelichtet, doch setzen auch neue Aeste sich
an, wenn nur der Stamm ein gesunder ist. So will
auch ich denn in deinen Wegen gehen, ich will die
Zurückgebliebenen mit treuer Liebe umfassen, in der
Erinnerung an dich, liebe, abgeschiedene Seele, wollen
wir uns enger aneinander schließen, und meinem Geiste
und Herzen will ich die edlen Saaten zu entlocken

suchen, die bei dir so schön aufgegangen waren. Ich
will des Lebens Prüfung mit starkem Muthe tragen
auf daß ich den Unsrigen mit tröstender Kraft voran-
gehe. Des Lebens Werth besteht in thätiger Liebe, nicht
in der Klage um das unwiederbringlich Dahingegangene.
In unserm Streben wirst auch du fortleben und in
unserm Herzen ist dir eine sicherere Stätte bereitet als die,
welche deine Gebeine umschließt. Deine Heimath ist
nun im Gottesreiche, und im Kreise verwandter Seelen
möge dein Heil wahrhaft erblühen.

Am Grabe eines Freundes oder einer Freundin.

Wir hatten einander im Leben gefunden, liebe,
verklärte Seele, und ein enges Band war zwischen uns
geknüpft. Nicht Fleisch und Blut, nein! dein Geist
und dein Herz haben mich zu dir hingezogen, und je
tiefer ich in dein Inneres eindrang, je mehr die Tiefen
deiner Seele vor mir sich enthüllten, um so mehr lernte
ich dich lieben und achten. Der Umgang mit gleich-
gestimmten Seelen ist die erhebendste geistige Nahrung,
das fühlte ich in deinem Umgange, in den heitern und
den ernsten Gesprächen, die wir miteinander führten.
Deine Klarheit, deine liebevolle Theilnahme belehrten
und erquickten mich; dein edler Sinn verlieh auch mir
den Aufschwung zum Höhern und Bessern. Habe Dank,
du liebe Seele, für deine Freundlichkeit, habe Dank,
für die Stunden höheren Genusses, die du mir bereitet,
für die Vorahnung eines schönern geistigen Daseins,
die du in mir geweckt und bestärkt hast. Die Ahnung, sie
ist dir nun zur Klarheit geworden; ich aber soll weiter

im Kampfe des Lebens stehen, ohne deine Stütze, ohne
deinen ermahnenden und beschwichtigenden Zuspruch,
Schwer ist es, einen solchen Verlust zu ertragen. Das
seltene Gut wahrer Freundschaft wird nicht so leicht
ersetzt. Die Empfänglichkeit des Herzens nimmt ab,
der Einklang der Seelen wird schwerer gefunden. Doch
mir bleibt die Erinnerung an dich. Bei jedem Schritte
des Lebens, bei jedem Gedanken und Gefühle, da seiest
du mein Führer und mein Richtmaß. Immer werde
ich mich fragen: wie würde dein Freund (deine
Freundin) hier geurtheilt, wie gerathen, wie gehandelt
haben? Und in unsichtbarem Verkehre mit dir werde
ich mich läutern und veredeln, um deiner stets würdig
zu bleiben. So lebe nochmals wohl, theure Seele,
bis auch ich einst zu dir komme. Ja, wir vereinigen
uns wieder im großen Vaterhause. Was aus dem Geiste
entsprungen ist, das ist ewig, was die Liebe zart gewunden
hat, das ist unauflöslich. Es ist der Erde gegeben, was
der Erde entstammt; aber gehörtest du der Erde ganz
an, daß du zu ihr wieder werden könntest? War das
Aufblitzen deines Auges, wenn ein schöner Gedanke dich
durchleuchtete, irdisch? War der innige Blick, der dich
bei theilnehmender Hingebung verklärte, ein Werk des
Staubes? Nein, das lebt fort an dir, lebt schöner,
freier. So lebe wohl im Umgange mit höhern Geistern.
Deine Liebe wird auch jetzt noch mich umschweben, dein
Geist aber in Klarheit die lichten Bahnen der Ewigkeit
durchwandern, und himmlische Freuden mögen dich
erquicken!

Am Grabe eines Wohlthäters oder einer Wohlthäterin.

Viel verdanke ich dir, und deines theilnehmenden Wirkens für mich werde ich nie vergessen. Ich stehe an Deinem Grabe und bete für dich aus der Tiefe meines Herzens. Mein leibliches und mein geistiges Wohl hast du gefördert, weil du als Mensch den Menschen liebtest, nicht um meines Verdienstes willen. Aus der Saat der Liebe da sprießen Garben hervor, die du dort einsammeln wirst. Schwach ist mein Dank; was kann ich für den reinen Geist thun? Nur ein ehrendes An=denken bleibt mir, das will ich bewahren; dein Werk nach Kräften fortsetzen, in deinen Wegen der Güte wandeln, das sei mein Dank, der dir am meisten wohl=gefällt. Dort aber wirst einen schöneren Lohn du empfangen. „Vor dir her wandelt deine Frömmigkeit, die Herrlichkeit Gottes nimmt dich auf."

Am Grabe eines Lehrers oder einer Lehrerin.

Meinem Geiste bist du, als er noch unentwickelt war, ein redlicher Führer (eine redliche Führerin) ge=wesen, meinem Herzen hast du die Richtung gegeben. Nun erst erkenne ich es recht, was dein liebevoller Ernst von mir verlangt hat, was ich deinem Wirken schulde. Nimm, verklärter Geist, den Dank des Geistes an, der in dir seine Nahrung gefunden hat; du warst der Quell, der mich befruchtet hat; der Quell versieget nicht, wenn er auch meinem leiblichen Auge sich entzieht. Ob ich immer deinen Wünschen entsprochen habe? Ob deine Lehren eine fruchtbare Stätte bei mir gefunden haben,

es sei mein redlich Streben, dein würdiger Schüler
(deine würdige Schülerin) heißen zu dürfen. — Schon
hier war dein Leben einem höheren Ziele zugewandt,
du hast es erreicht; des Lebens Mühsal ist geschwunden,
des Geistes freudige Klarheit, nach der du so ernst
gerungen, sie ist dein Lohn. Was Menschen nicht e-
lohnen können, oft auch nicht belohnen wollen, das wägt
Gott auf gerechter Waage, und seine Liebe wird dort
dich beglücken!

Am Grabe bedeutender Menschen.

Du weilest nicht mehr unter uns, aber die Spuren
deines Wirkens sind tief eingegraben und sprießen viel=
fach hervor: du bist noch unter uns mit deinem bessern
Antheile. An deinem Grabe lerne ich es und wird es
mir zur unzweideutigen Gewißheit: es ist nicht Alles
eitel und vergänglich. Die Thaten deines Geistes,
deiner edlen Natur leben fort und erquicken Viele,
die dich nicht geschaut haben mit leiblichem Auge, die, ach,
vielleicht kaum ahnen, daß sie dir reiche Nahrung
des Geistes und des Herzens zu danken haben. In
dem Menschen, der über die Gewöhnlichkeit sich erhebt,
da erkennen wir erst das Göttliche, da ist Gott uns
nahe. Nicht mit Schmerz stehe ich an deinem Grabe,
die Vernichtung hat nur deine Hülle getroffen. Hier
fühle ich mich gehoben, denn ich lerne den Menschen
in seiner Würde kennen und ehren; neben der Demuth,
die mich erfüllt, ob meiner eignen Schwäche, gewinne
ich doch auch Kraft, um zum Ziele wahrer Menschen=
bildung mich hinanzuringen. Der Geist, der hier schon die

Unendlichkeit in sich getragen hat, ihm ist wohl in den
Räumen der Ewigkeit; dort fühlst du dich heimisch, du
begrüßest alle Edlen, du lebst in Gott, bei dem da ist
des Lebens Quelle, in dessen Licht du Licht schaust.
(Die Gemeinde kehrt von den Gräbern zurück).

Es kehrt der Staub zur Erde zurück, wie er gewesen, doch der
  Geist kehrt zu Gott zurück, der ihn gegeben. (Pred. Sal. 12, 7.)
Und wall' ich auch im finstern Thale, nicht fürcht' ich Böses;
  denn du bist bei mir; Dein Stab und deine Stütze, sie
  trösten mich. (Psalm 23, 4.)
Wandle ich in Frömmigkeit, werde ich Dein Antlitz schauen,
  erwachend mich freuen Deines Anblickes. (Ps. 17, 15).

וְיָשֹׁב הֶעָפָר עַל הָאָרֶץ כְּשֶׁהָיָה וְהָרוּחַ תָּשׁוּב אֶל
הָאֱלֹהִים אֲשֶׁר נְתָנָהּ:
גַּם כִּי אֵלֵךְ בְּגֵיא צַלְמָוֶת לֹא אִירָא רָע כִּי אַתָּה
עִמָּדִי שִׁבְטְךָ וּמִשְׁעַנְתֶּךָ הֵמָּה יְנַחֲמוּנִי:
אֲנִי בְּצֶדֶק אֶחֱזֶה פָנֶיךָ אֶשְׂבְּעָה בְהָקִיץ תְּמוּנָתֶךָ:

Schlußbetrachtung und Gebet.

Wir kehren zurück von den Gräbern zum bewegten
Leben! Nicht die Vernichtung starrt uns dort entgegen,
sondern der Friede der Seele weht uns zu, die der
irdischen Bande entledigt ist. Möge dieser Friede in
unser Herz einziehen, die Leidenschaft beschwichtigen, die
Sinnlichkeit demüthigen, auch den Schmerz besänftigen!

Wir haben ein treues Andenken erneuert allen denen, die wir hier liebten und achteten; sie sind auferstanden in uns, und in seliger Verklärung bleiben sie uns. Von der Liebespflicht gegen die Todten wenden wir uns wieder zur Liebespflicht gegen die Lebenden, auf daß einst auch unser Andenken nicht untergehe, und zu dem Ewiglebenden richten wir Hand und Herz, Auge und Geist empor.

So sei gepriesen, großer Gott, von den Lippen der Unvollkommenen, wie im Reiche der vollkommenen Geister Dein Name mit Ehrfurcht verkündet wird! Amen!

Sei gepriesen, Allgütiger, für das Leben, das Du uns auf Erden anweisest, wie für das ewige Geistes= leben, dem wir entgegengehen! Amen!

Sei gepriesen, Allgütiger, für die Liebe, mit der Du dieses Leben schmückest, die in höherer Weise einst uns noch aufgehen wird! Amen!

Sei gepriesen, Allgütiger, für die theuren Anver= wandten und Freunde, die Du uns hier geschenkt hast, deren Staub hier ruhet, deren Geist in Deinem Reiche sich erquickt. Amen!

Deine Gnade walte über ihnen und gebe ihnen freudiges Seelenheil, Deine Gnade walte über uns auch hienieden, bis wir eingehen in Dein ewiges Reich. Amen!

3. Todtenfeier.

הַזְכָּרַת נְשָׁמוֹת

Gesang.

יְיָ ־ מָה אָדָם וַתֵּדָעֵהוּ בֶּן ־ אֱנוֹשׁ וַתְּחַשְּׁבֵהוּ:
אָדָם לַהֶבֶל דָּמָה יָמָיו כְּצֵל עוֹבֵר: וַתִּתְחַסְּרֵהוּ מְעַט
מֵאֱלֹהִים, וְכָבוֹד וְהָדָר תְּעַטְּרֵהוּ: כִּי ־ יָדַעְתִּי מָוֶת
תְּשִׁיבֵנִי, וּבֵית מוֹעֵד לְכָל ־ חָי: רוּחַ ־ אֵל עָשָׂתְנִי, וְנִשְׁמַת
שַׁדַּי תְּחַיֵּנִי: וְיָשֹׁב הֶעָפָר עַל ־ הָאָרֶץ כְּשֶׁהָיָה וְהָרוּחַ
תָּשׁוּב אֶל ־ הָאֱלֹהִים אֲשֶׁר נְתָנָהּ: גַּם כִּי ־ אֵלֵךְ בְּגֵיא
צַלְמָוֶת לֹא ־ אִירָא רָע כִּי ־ אַתָּה עִמָּדִי שִׁבְטְךָ וּמִשְׁעַנְתֶּךָ
הֵמָּה יְנַחֲמֻנִי: אֲנִי בְּצֶדֶק אֶחֱזֶה פָנֶיךָ אֶשְׂבְּעָה בְהָקִיץ
תְּמוּנָתֶךָ:

Herr, was ist der Mensch, daß Du dich seiner an=
nimmst? der Erdensohn, daß Du auf ihn achtest? Der
Mensch einem Hauche gleich, seine Tage — dem
Schatten, der dahinzieht (Pf. 144, 3. 4.)! Und Du
hast ihn göttlichen Wesen wenig nachgesetzt, mit Würde

18

und Hoheit krönst Du ihn (Pf. 8, 6.). Wohl weiß
ich, Du führst zum Tode mich, heim in's Sammelhaus
für alles Lebende (Hiob 30, 23.). Doch Gottes Geist
hat mich gemacht, und der Odem des Allmächtigen
belebet mich (Hiob 33, 4.). Und kehrt der Staub zur
Erde zurück, wie er gewesen, so kehrt der Geist zu Gott
zurück, der ihn gegeben (Pred. Salom. 12, 7.). Und
wall' ich auch im finstern Thale, nicht fürcht' ich Böses!
denn Du bist bei mir; Dein Stab und Deine Stütze,
sie trösten mich (Pf. 23, 3.). Ich werde in Tugend
Dein Antlitz schauen, erwachend mich freuen Deines
Anblickes (Pf. 17, 15.).

Der Rabbiner.

Unerforschlicher, großer Gott! In deinem Ebenbilde hast Du den Menschen geschaffen, ihm den Geist
verliehen, welcher der Vollendung entgegenstrebt. Diese
Erde aber hast Du ihm angewiesen, damit der Mensch
auf ihr sich läutere und in Deinem Sinne wirke; und
wenn Deine Weisheit es für gut findet, ruffst Du ihn
ab, und der Körper wird der Erde zurückgegeben.
Doch der Geist ist ewig, er stirbt nicht; die Seele kehrt
zu Dir zurück und lebt rein in Deinem Heiligthume.
Lässest Du ja, Herr, keine Kraft vergeh'n, die Deinem
großen Weltalle Du eingesenkt hast: wohl wechseln
Formen und Gestalten, aber die Kraft, welche sie erzeugt und trägt, sie schafft und wirkt ewig. Und der
menschliche Geist, diese wunderbar wirkende, unsichtbare
Kraft, die uns denken lehrt, und Selbstbewußtsein giebt,

sie sollte plötzlich abgeschnitten werden? Nein, wir zagen nicht vor dem Tode, denn unser edler Theil dauert fort; wir scheiden aus diesem Leben, um in ein besseres einzugehen. Wird auch manches Band, das hienieden eng geknüpft war, gelöst, dort oben werden wir uns wieder in Deinem Reiche vereinigen. Darum wollen wir auch heute mit Ruhe und Ergebung der Lieben und Theuren gedenken, die uns vorangegangen sind in die ewige Heimath; wir danken Dir, Herr, daß Du uns an ihrer Liebe erquickt hast, und die Erinnerung an ihr Wohlwollen gegen uns soll aus unsern Herzen nimmer schwinden. Es gedenken die Kinder der Treue und Hingebung, mit der die Pfleger und Hüter ihrer Kindheit für sie bedacht und besorgt waren, wie sie für sie gelebt und gelitten haben, wie sie mit weisem Rathe, mit Lehre, Trost und Beispiel ihnen vorangegangen sind, sie in Deinen Wegen, Gott, geleitet, ihnen ihren Segen hinterlassen haben, der bis auf den heutigen Tag sich an ihnen bewährt. Es gedenken Gatten und Gattinen des, ach! zu früh gelösten Bundes, den sie vor Dir, o Gott geschlossen haben, und den sie heilig und treu gehütet hatten, so lange es Deiner Weisheit gefallen hat, sie in der engsten Gemeinschaft des Lebens hier zusammen weilen zu lassen. Die Erinnerung liebender Zärtlichkeit und treuer Innigkeit, an der sie in den mannigfachen Lebensgeschicken festgehalten haben, erfüllt ihnen noch heute erhebend und herzerquickend die Seele. Auch der theuren Pfänder gedenken die Eltern, welche Du ihnen, o Gott, anvertraut hattest. Sie hatten an ihrer Freundlichkeit und dank-

baren Liebe sich erquickt, in ihrer Entwickelung sich mit
verjüngt und freudig der Erfüllung schöner Hoffnungen
durch sie in der Zukunft entgegen gesehen, und wieder
steht heute das Bild der Frühvollendeten vor dem Auge
derer, denen sie vorangegangen sind in die Ewigkeit.
Wir gedenken, Herr, aller Männer und Frauen, die
mit freundlich mildem Blicke auf uns geschaut haben,
die durch ihre Liebe uns gefördert, das Gotteslicht in
uns angezündet, uns die Wahrheit haben erkennen lassen,
uns im Glauben gestärkt, die Sorgen des Lebens uns
erleichtert und unsere Bahn geebnet haben. Wir ehren
und segnen ihr Andenken in dieser Stunde; gieb, Gott,
daß es auch an uns gesegnet sei, daß es zu allem Guten
und Dir Wohlgefälligen uns erwecke, uns ermuthige,
uns Kraft und Ausdauer verleihe, daß der Segen, mit
dem sie von uns geschieden sind, sich zu unserm Heile
an uns bewähre, daß wir ihre Lehre und ihr Beispiel
in kindlicher Erinnerung bewahren, ihr Werk fördern,
ihren Namen in Ehren halten, ihrer stets würdig be=
funden werden; auf daß sie aus Deinem Himmelreiche
in Freundlichkeit auf uns herabschauen, die Segnungen
des Lebens für uns erbitten, wie wir für ihr ewiges
Seelenheil beten!

Nicht Alle sind vollendet in Dein Reich eingetreten,
kein Frommer ist auf Erden, der nicht der Sünde Raum
gäbe in seinem Herzen und in seinem Wandel. Doch
Dein Erbarmen, Herr, wird den Fehl ablöschen und
dem schwachen Sterblichen eine gnadenvolle Versöhnung
gewähren. Laß unsere Bitte für sie Erhörung bei
Dir, barmherziger Gott, finden! Viele auch sind früh=

zeitig von uns geschieden, ehe sie zur vollen Entwickelung
gelangten, ehe sie durch ihr Wirken sich Deiner Gnade
würdig machen konnten; nimm sie, die Schuldlosen, in
Dein ewiges Reich auf! Sie haben die Prüfungen des
Lebens nicht erfahren, aber Deine Huld wird sie dennoch
dort beglücken. Uns aber, Allvater, wolleſt Du ein
freudiges Wirken auf Erden verleihen, und wenn Du
einſt uns abrufeſt, so gieb uns Kraft und Muth und
eine gnadenvolle Aufnahme in die Ewigkeit. Amen!
Amen!

Die Gemeinde in stiller Andacht.

Ich gedenke, Gott, vor Dir meiner Hingeschiedenen
— in inniger Liebe. Gedenke auch Du ihrer in einer
gnadenreichen Stunde. Gieb ihnen einen hellen, lichten
Himmelsſitz, daß ihre Seele eingehe zur ewigen Ruhe,
zur ewigen Freude, zur ewigen Seligkeit, und sie der
Segnungen theilhaftig werden, die Du den Frommen
und Gerechten haſt verheißen als ihren Gotteslohn für
alles irdiſche Leid, das sie erlitten haben, für all' ihr
Sorgen, Streben und Bemühen. Gieb Frieden den
Verklärten; laſſ' ihr innerstes Sehnen und Hoffen und
Bangen bei Dir Erhörung und Gewährung finden um
des Glaubens und der Liebe willen, mit der sie aus
der Welt gegangen sind. Erhöre und verherrliche sie,
Gott, in Deinem Himmelreiche, und laß auch mein
Bitten und Beten erhört sein, um der innigen Liebe
willen, mit der ich meines Herzens Opfer Dir gelobe
und bringe. Amen! Ihr, meine Theuren, schauet aus
eurem Himmel auf mich herab in Freundlichkeit und
Liebe, so wie ihr mich angeschaut habt in Freundlichkeit,

bevor euch Gott von mir und zu sich genommen hat.
(Empfanget meinen Dank für eure väterliche und
mütterliche Sorgfalt und Liebe und Treue, für eure
Nachsicht und Milde, die ihr mir so mannigfach bewiesen
habt. Vergebet mir, was ich an Euch aus jugendlicher
Unbesonnenheit je verschuldet und gesündigt habe.) Ge=
denket meiner vor Gott, betet für mich und für die
Meinen alle, daß Gott mich schirme und bewahre vor
jedem Leid. Und wenn ich selber abberufen werde und
eingehe in meine ewige Ruhestätte, dann möge eure
Liebe mich empfangen, mich einführen und geleiten in
das Gottesreich der Wahrheit und des Friedens, auf
daß ich Versöhnung und Vergebung finde für jede Sünde
und Schwäche, und Erhörung und Gewährung finde
für all' mein Wünschen und Hoffen, und mit euch der
ewigen Seelenruhe und Freude theilhaftig werde. Amen!

Der Rabbiner.

מָה רַב טוּבְךָ אֲשֶׁר־צָפַנְתָּ לִירֵאֶיךָ ۰ פָּעַלְתָּ לַחוֹסִים
בָּךְ נֶגֶד בְּנֵי אָדָם: מַה־יָּקָר חַסְדְּךָ אֱלֹהִים ۰ וּבְנֵי אָדָם
בְּצֵל כְּנָפֶיךָ יֶחֱסָיוּן: יִרְוְיֻן מִדֶּשֶׁן בֵּיתֶךָ ۰ וְנַחַל עֲדָנֶיךָ
תַשְׁקֵם: יַעַלְזוּ חֲסִידִים בְּכָבוֹד יְרַנְּנוּ עַל־מִשְׁכְּבוֹתָם:

Wie groß ist Dein Gut, das Du bewahret Deinen
Frommen, das Du wirkst denen, die auf Dich vertrauen,
vor den Menschen! Wie werth ist Deine Gnade, Gott!
In dem Schatten Deiner Flügel bergen sich die Erden=
söhne. Sie werden satt vom Mahle Deines Hauses.

אַשְׁרֵי אָדָם מָצָא חָכְמָה. וְאָדָם יָפִיק תְּבוּנָה: טוֹב
שֵׁם מִשֶּׁמֶן טוֹב וְיוֹם הַמָּוֶת מִיּוֹם הִוָּלְדוֹ:

שֶׁקֶר הַחֵן וְהֶבֶל הַיּפִי. אִשָּׁה יִרְאַת־יְיָ הִיא תִּתְהַלָּל:
תְּנוּ־לָהּ מִפְּרִי יָדֶיהָ. וִיהַלְלוּהָ בַשְּׁעָרִים מַעֲשֶׂיהָ:

מְנוּחָה נְכוֹנָה תַּחַת כַּנְפֵי הַשְּׁכִינָה. בְּמַעֲלַת
קְדוֹשִׁים וּטְהוֹרִים. כְּזוֹהַר הָרָקִיעַ מְאִירִים וּמַזְהִירִים.
וְכַפָּרַת אֲשָׁמִים. וְהַרְחָקַת פֶּשַׁע. וְהַקְרָבַת יֶשַׁע.
וְחֶמְלָה וַחֲנִינָה. מִלִּפְנֵי שׁוֹכֵן מְעוֹנָה. וְחֵלֶק טוֹב לְחַיֵּי
הָעוֹלָם הַבָּא. שָׁם תְּהֵא מְנָת וִישִׁיבַת נַפְשׁוֹת הַנִּכְבָּדִים
כָּל אָבוֹת הַנִּמְצָאִים וְהַנִּמְצָאוֹת פֹּה וְאִמּוֹתֵיהֶם. וּבַעֲלֵיהֶם

Du tränkest sie aus dem Strome Deiner Wonne. Es freuen sich die Frommen in Ehren, sie lobsingen auf ihrem Lager. Heil dem Manne, der Weisheit findet, dem Menschen, der Einsicht verkündet! Besser ist guter Ruf als köstlich Oel, der Tag des Todes besser benn der der Geburt.

Anmuth ist trügerisch, Schönheit eitel, ein gottesfürchtig Weib wird gerühmet! Gebet ihm von seiner Hände Frucht; an den Thoren preisen es seine Werke.

Sichere Ruhe ist im Schutze der Vorsehung bereitet, im Kreise der Heiligen und Reinen, die in himmlischer Klarheit leuchten; dort ist Vergebung für Sünden, Vergehen fern und Heil nahe, Erbarmen und Gnade

וּנְשֵׁיהֶם. וַאֲחֵיהֶם וְאַחְיוֹתֵיהֶם. וּבְנֵיהֶם וּבְנוֹתֵיהֶם.
וּקְרוֹבֵיהֶם וּקְרוֹבוֹתֵיהֶם. שֶׁנֶּאֶסְפוּ לְעַמָּם. רוּחַ יְיָ תְּנִיחֵם
בְּגַן עֵדֶן. מֶלֶךְ מַלְכֵי הַמְּלָכִים. בְּרַחֲמָיו יָחוּם וְיַחְמוֹל
עֲלֵיהֶם. יַסְתִּיר אוֹתָם בְּצֵל כְּנָפָיו וּבְסֵתֶר אָהֳלוֹ. לַחֲזוֹת
בְּנֹעַם יְיָ וּלְבַקֵּר בְּהֵיכָלוֹ. יִלְוֶה אֲלֵיהֶם הַשָּׁלוֹם. וְעַל
מִשְׁכְּבָם יִהְיֶה שָׁלוֹם. כָּאָמוּר יָבֹא שָׁלוֹם. יָנוּחוּ עַל
מִשְׁכְּבוֹתָם הוֹלֵךְ נְכוֹחוֹ. הֵם וְכָל שׁוֹכְבֵי יִשְׂרָאֵל עִמָּהֶם.
וְכֵן יְהִי רָצוֹן. וְנֹאמַר אָמֵן :

---

beim Hochthronenden, und dort ewiges Leben! Dort
sei auch der Antheil der würdigen Väter und Mütter,
Gatten und Gattinen, Brüder und Schwestern, Söhne
und Töchter und aller Verwandten der hier in Andacht
Versammelten, die heimgegangen sind zu ihren Vätern:
der Gottesgeist leite sie im Paradiese! Der Allerbarmer
lasse Seine Gnade über ihnen walten, berge sie in Seinem
sichern Schutze, daß sie die Freude in Gott schauen!
Friede geleite sie, und auf ihrer Ruhestätte sei Friede,
wie es heißt: Der Friede kommt, es ruht auf seinem
Lager, der grade wandelte. So mögen sie und alle
Frommen in Seligkeit ruhen. Amen!

    Wer ein Gott wohlgefälliges Leben führt und des
Namens Israel sich würdig erweist, wird des ewigen
Lebens theilhaftig, wie es heißt: Wenn das Volk gerecht
und fromm ist, dann nimmt es das Land der Ewigkeit
in Besitz. Heil dem, der nach der Gotteslehre trachtet,
seinem Schöpfer wohlgefällig wirkt, an gutem Namen

כָּל יִשְׂרָאֵל יֵשׁ לָהֶם חֵלֶק לָעוֹלָם הַבָּא. שֶׁנֶּאֱמַר
וְעַמֵּךְ כֻּלָּם צַדִּיקִים ٪ לְעוֹלָם יִירְשׁוּ אָרֶץ: אַשְׁרֵי
מִי שֶׁעָמְלוּ בַתּוֹרָה. וְעָשָׂה נַחַת רוּחַ לְיוֹצְרוֹ. גָּדַל
בְּשֵׁם טוֹב. וְנִפְטַר בְּשֵׁם טוֹב מִן הָעוֹלָם: וְעָלָיו
אָמַר שְׁלֹמֹה בְּחָכְמָתוֹ. טוֹב שֵׁם מִשֶּׁמֶן טוֹב וְיוֹם
הַמָּוֶת מִיּוֹם הִוָּלְדוֹ: לְמוֹד תּוֹרָה הַרְבֵּה. וְיִתְּנוּ לְךָ
שָׂכָר הַרְבֵּה. וְדַע מַתַּן שְׂכָרָם שֶׁל צַדִּיקִים לֶעָתִיד
לָבֹא:

Der Rabbiner und sämmtliche Leidtragende.

יִתְגַּדַּל וְיִתְקַדַּשׁ שְׁמֵהּ רַבָּא. (Gem.: אָמֵן) בְּעָלְמָא דִּי־בְרָא

---

wächst, mit gutem Namen stirbt; von ihm gilt der
Spruch der Weisen: Besser guter Ruf als köstlich Oel
und der Todestag besser denn der der Geburt. Strebe
fort zur Vervollkommnung, der Lohn im Jenseits wird
nicht ausbleiben.

Der Rabbiner und sämmtliche Leidtragende:

So sei gepriesen, großer Gott (Gemeinde:
Amen!), von den Lippen der Unvollkommenen, wie im
Reiche der vollkommenen Geister Dein Name mit Ehr-
furcht verkündet wird!

Gemeinde: Amen! Dein Name sei gepriesen
hier und dort!

Verlag von Wilh. Jacobsohn & Co.
Breslau.

Machsor,
Festgebete der Israeliten

mit vollständigem, sorgfältig durchgesehenem hebr. Texte.
Neu deutsch übersetzt und erläutert von

Dr. Michael Sachs.

Besondere Ausgaben für Deutschen und Polnischen Ritus.

9 Thle. Auf Druckpapier Preis 14 Mk., auf Velin=
papier Mk. 17,50.

Apart: **Theil I—IV** enth. Rosch Haschanah und
Jom Kippur.

Druckpapier Preis brosch. 6 M. in 2 Lwbden. M. 7,40;
in 4 Lwbden. M. 8,80; in 2 Lwbden. mit Goldschnitt
M. 8,40; in 4 Lwbden. mit Goldschnitt M. 10,80;
Velinpapier broschirt M. 7,50; in 4 Lwbden. mit
Goldschnitt M. 12,30

Theil V—IX enth. Succoth, Pessach und Schabuoth:
Druckpapier Preis 8 M., in 3 Lwbden. M. 10,10;
in 5 Lwbden. M. 11,50; in 3 Lwbden. mit Goldschnitt
M. 11,60; in 5 Lwbden. mit Goldschnitt M. 14,00,
Velinpapier brosch. 10 M., in 5 Lwbden. mit Goldschnitt
M. 16,00.

Die Einbände sind dauerhaft und solid.

Lightning Source UK Ltd.
Milton Keynes UK
UKHW02f1602060818
326832UK00006B/734/P

9 781333 168827